平凡社新書
879

自分史のすすめ

未来を生きるための文章術

小池新
KOIKE ATARASHI

JN184081

HEIBONSHA

自分史のすすめ●目次

はじめに

あなたは「自分史」という言葉を聞いたことがありますか？　「ＹＥＳ」と答えた人は、実際に自分史を書いてみたいと思いますか？

一九八〇年代中ごろ、第二次自分史ブームといわれる現象が起きた。それから三〇年余り。さまざまに形を変えながら、自分史は多くの人々の関心を集め続けている。「書き方」など、ノウハウについて書かれた書籍類もかなりの数が出版されている。「これ以上、どんな本が必要なのか」と言われるかもしれない。

だが、この間の流れを踏まえて自分史の現状を考えれば、正直言って、高齢者の「専有物」というイメージが根付き、〝手あか〟が付きかかっている印象が強い。単に中高年が昔を懐かしむ手段だったり、自分の業績や社会的地位を自慢するためだったり……。自分史に関係する団体や個人が細分化されているうえ、「自分史とは何か」「自分史で何が得られるのか」といった、自分史を対象とした研究も、分野は多岐にわたって内容もバラバラ。

相互の連関はほとんどない。一部にはビジネス優先が目につく動きも見られる。数多い自分史指導本の中には、「これだけで実際に自分史の文章が書けるのだろうか」と首をかしげたくなるものもある。

位置付けについても見方が錯綜している。自分史は歴史でなければいけないのか。半生全体を取り上げなければ自分史ではないのか。聞き書きも自分史といっていいのか……。そうした中で、最近は「自分史の講座に人が集まらなくなった」という声も聞くようになった。

私は通信社での記者生活三五年。その後、大学で文章実習の講師一〇年。文章を書き続け、文章を読み続けてきた。母が晩年「自分史を書きたい」と言っていたことを思い出して関心を持つようになり、二年余り自分史について調べ、考えた。自分史は今の状態のままでいいのだろうか、ということも。

私の考えでは、自分史は個人とその周囲を通して「自分についての物語を書く」ことであり、自己表現の一種。その〝原点〟に立ち戻ってみれば、意味は格段に広がる。「終活」(人生の終わりのための活動)の目的を含めた高齢者向けの活用だけでなく、これから「就活(就職活動)」に向かう学生が「自分はどんな人間か」を見つめ直すのに使えるし、介護の分野でも、高齢者の精神的なケアとして「人生を生き切る」のを手助けすることもできる。そうした取り組みは実際に始まっている。東日本大震災の被災地では、被災者の「心の復興」を目的に、聞き書きによる自分史的取り組みが行われている。

根底にあるのは「自分史は過去を振り返るだけの物語ではない」という考え方だ。昔を振り返るあなたが生きているのは今。その今を基点に、これまでの自分の過去を見つめその意味を問い直し、これからの自分の未来をどう生きるかを考える。それが、自分史を書く本当の目的でなければならない。地域の自分史の会でエッセーを書き続けている八〇代の男性は「書いた後は『これからも一生懸命生きよう』と思うようになった」と言った。それが自分史を書く最大の効用だろう。

そのためにも、もっと軽い気持ちで「自分も自分史を書きたい」と思わせ、実際に書き終えるまで後押しするようなやり方はないだろうか。書く立場からすると、どうすれば、自分の思いを十分表現した自分史を書き上げられるか。具体的に考えてみたい。

この本の内容は大きく二つに分かれる。「自分史の書き方指導」的な部分と、「自分史は今どうなっているか」という現状リポート的な部分。第一章では、自分史の足どりを振り返りながら、自分史とは何なのかを考える。第二章で、自分史を書くためにどんなプロセスが必要なのかを示し、第三章〜第五章は、自分史を想定した文章の書き方と注意点をアドバイスする。第六章は東日本大震災の被災地での聞き書きをはじめ、さまざまな個人とグループの活動を紹介し、第七章では介護分野での自分史的取り組みの現状を報告。第八章で、自分史の最大の書き手だった戦争体験者が減少している中で、自分史が今後どうなっていくのかを考える。第九章は、大学生や高校生ら、若い世代にも自分史が有用であることを説明する。早く自分史を手掛けたいと思う人は、第二章から読んでもらう方がいいかもしれない。この本は「自分史に関心はあるが、どう書けばいいか分からない」人で、自分史の団体やサークルなどに属していないケースを中心に想定している。「書き方」の内容は中高年を対象にしているが、若い世代の要望にも十分対応できるはずだ。

自分史に限らず、文章を書くのは楽しい。そして、文章を書くことで人は自由になれる。それは、文章を書き続け、読み続けてきた私の実感だ。そのことを、あまり文章を書くことに親しみがなかった人にも感じてほしい。自分の思ったことを文章で表現できれば、自分史を書くのは楽しいと感じてもらえると思う。

私はこの本で、自分史に「風を通す」ないし「洗い直す」ことがわずかでもできれば、と考えている。自分史を書くのは一人きりではなかなか難しい。方向性を示し、注意し、励ますなど、大なり小なりアドバイスやサポートをしてくれる、ジョギングでいえば〝伴走者〟がどうしても必要だ。聞き書きならもちろん、自分で書く場合も不可欠といっていい。この本がその代わりになるとは言えないし、言わない。ただ、自分史を志す人にとって、闇夜の海に遠く光る灯台、頭の中の伴走者になればと願う。

第一章　自分史とは何か

ルーツは『更級日記』!?

「文章も、長い長い間は、直接には一部の特権者や、そのための文章職人等のものであり、上意下達的存在であった」

「『言語が万人のものである如く、文字も又万人のものでなければならぬ』と信じる」

自分史の「創始者」橋本義夫は一九六八年発刊の文集「ふだんぎ」第一号の「発刊のことば」にこう書いている。自分史はこの「文章を普通の人々の手に取り戻す」という思想から始まった。その後、さまざまに展開し、自分史の「正体」が見えづらくなっているのが現状だ。自分史とは一体何なのか。「源流」からたどって考えてみよう。

国会図書館の簡易検索で「自分史」と入力すると、図書、雑誌など計二〇〇〇件以上の項目が出てくる。ひとつひとつ見ていくと、内容は百花繚乱というか千差万別というか……。『新明解国語辞典』（第六版、三省堂、二〇〇五年）で引けば、「変動する社会や時代との関わりの中で、一庶民としてその人が何を考え、どのように生きてきたかを書きつづった自叙伝（半生の記）」とある。その「自叙伝」は「自分で書いた自分の伝記。自伝」。一般的には、自伝、自叙伝が社会的に著名な人物が書いた伝記なのに対し、自分史は無名の市井の人によるものと捉えられる。フランスには無名の人の自伝という概念もあるとされ、厳密に区別はできないようだが、ここでは、有名人は自伝・自叙伝、一般庶民は自分史という前提で考えることにする。

よく自分史の「ルーツ」的な文学作品と指摘されるのは、平安時代後期の一一世紀に成立した『更級日記』だ。千葉県・上総の国府（現市原市）の役人だった菅原孝標《たかすえ》の娘が、父に従って京都に帰る旅の紀行文で始まり、五〇代になって不遇の人生を振り返る内容。確かに、自分史と言われればそうとも思える。幕末の偉人、勝海舟の父の勝小吉が、若かったころの不行跡を告白して「自分のようになるな」と子孫に書き残そうとした『夢酔独言』を自分史として挙げる人もいる。ほかにも、自分史の先駆とされる文学作品は多い。和歌三六〇首を集めた鎌倉時代初期の私家集『建礼門院右京大夫集』、鎌倉時代のエッセーである鴨長明の『方丈記』……。

近現代のノンフィクションでも、幕末から日清戦争、日露戦争、シベリア出兵までの波乱万丈の活躍を描いた『城下の人』に始まる石光真清の四部作や、戊辰戦争で敗北後、下北半島・斗南藩での苦闘の日々から立ち上がって陸軍大将まで上り詰めた会津人による「柴五郎の遺書」（石光真人編著『ある明治人の記録』所収）などは、堂々とした自分史といえるだろう。

民俗学者・宮本常一の『忘れられた日本人』（岩波文庫）に収められた「土佐檮原《ゆすはら》の乞

食」、別名「土佐源氏」は、実際は多少のフィクションもまじえた宮本の聞き書きだが、年老いた元馬喰《ばくろう》の男が、かつての女性関係を赤裸々に告白した自分史的な作品。明治時代から戦前まで、女性をあっせんする女衒《ぜげん》として東南アジアを股に掛けた人物の『村岡伊平治自伝』(これも事実上の聞き書きで、映画化もされた)も自分史と呼ばれる資格はありそうだ。

戦場や原爆、空襲、疎開といった戦争体験と、戦後体験に関する回想録も自分史に含める考え方がある。東京大空襲の被害を描いたノンフィクションの高木敏子『ガラスのうさぎ』や、広島原爆をテーマにした漫画の中沢啓治『はだしのゲン』などを自分史作品とする研究者もいる。夫を戦争で失った岩手県の農村部の女性たちがいかに戦後を生き抜いたかを一人称でつづった菊池敬一・大牟羅良編『あの人は帰ってこなかった』(岩波新書、一九六四年)も、実際は編者の聞き書きだが、自分史的作品といっていい。

こうした文章が発表された時、自分史という言葉も概念もまだ存在せず、これらが自分史として語られることはなかった。自分史を、無名の人が半生を振り返った物語と捉えると、文学史上、枚挙にいとまがなさそうだし、自分について書いたという視点から見れば、自分史的な文章は、言葉が生まれたのと同時に発生したといっていいかもしれない。その意味では、無理に自分史に結び付ける必要はない気がする。旧制一高寮歌『嗚呼《ああ》玉杯に花受けて』（正式名称「第十二回紀念祭東寮寮歌」）を「自分史の歌」だとする人もいるが、そこまで言うか……。自分史を名乗っている動きや作品を中心に、あまり拡大解釈せず考えればいいのではないか。

「私でさえも文章が書ける」

自分史に関する書籍や文献類を読むと、必ずといっていいほど、「元祖」として歴史家の色川大吉・東京経済大学名誉教授の名前が出てくる。一九七五年に出版された『ある昭和史』（中央公論社）に付けた「自分史の試み」というサブタイトルが、「自分史」という名称が登場した最初といわれる。色川氏はその中で、自分史の草分けとして橋本義夫の名前を挙げている。

橋本の長男で東京・八王子市在住の鋼二氏は二〇一七年四月、父が残した文章を基にまとめた伝記『万人に文を――橋本義夫のふだん記に至る道程』（揺籃社）を出版。日本自費出版文化賞の地域文化部門賞を受賞した。この二冊などによれば、橋本は一九〇二（明治三五）年、八王子市の旧家に生まれ、若いころから地方文化活動や農民自治運動にのめり込んだ。平凡社社長の下中弥三郎や社会主義者の石川三四郎らとも交流があったが、戦時中は特高警察に逮捕され、獄中生活を送った。戦後も青年教育をはじめ、「絹の道」「困民党」といった地元の歴史・文化の顕彰碑建立などの活動を展開。五〇歳を過ぎたころ、自分が歩んできた道を書き記そうと執筆活動に集中し、一九八五（昭和六〇）年に死去するまで多くの著作を残した。

その経験から、「私でさえも文章が書ける。書き始めたら繰り返せば誰でも書ける」と唱えて、「ふだん記」と名付けた運動を始めた。友人や周囲の主婦らに文章を書くことを勧め、一九六〇（昭和三五）年には「平凡人の文章」という冊子を作って、運動への参加を勧誘して歩いた。そうして集まった文章をまとめた文集「ふだんぎ」第一号ができたのは一九六八（昭和四三）年一月のことだった（運動は「ふだん記」、文集は「ふだんぎ」と表記された）。

手元にある中公文庫の『ある昭和史』は奥付に「昭和五十八年三月二十日五版」とあるが、私がきちんと目を通したのはそれからだいぶ年月がたってからだった。読んでいるうち、「ある常民の足跡」の章に知っている人の名前が載っているのに驚いた。私は共同通信の記者として一九七八年から二年近く八王子市を担当。「街ダネ」などの話題も取材した。当時の八王子は、都心から移転する大学が急増。「学園都市化」が進んでいた。対応した街づくりの必要性が叫ばれる中、絹織物で知られた古い街の旧住民と、大学生らの新住民の交流を図ろうと生まれたのが、今も毎年晩秋にＪＲ西八王子駅周辺で開かれている

「いちょう祭り」。その祭りを立ち上げる市民運動の中心になっていたのが当時、市内で郵便局長をしていた大野聖二氏だった。

私は活動を取材して記事にしたほか、会議に参加したりビラ配りを手伝ったりした。大野氏の自宅にもうかがうなど、二〜三年間はかなり頻繁に会っていた。『ある昭和史』には、「ふだんぎ」創刊号についてこんな記述がある。「印刷と製本は町の郵便局長大野聖二・弘子夫妻が受け持った」。もっと早く知っていればと後悔した。自分史の取材を進めるうち、三十数年ぶりに連絡。西八王子駅近くで会った。大野氏は相変わらず精力的で、地域研究の拠点として「八王子学会」を結成。理事長を務めるなど、今も地元にこだわった文化活動を続けている。

「ふだん記」の始まり

「橋本さんはいつも自転車で走り回っていた。いろいろな会合で顔を合わせたが、私のことを『面白いやつがいる』と思ってくれたのか。『地域の記録を残したい』と語った。その考えに共鳴して『応援しますよ』と答えた」と大野氏は振り返る。「ふだんぎ」第一号は大野氏が用紙を用意し、郵便局裏の大野氏の自宅で謄写版刷り三五ページ五〇部が印刷された。「その後も、一五号までは同じようにガリ版を切って作ってましたね」。橋本は常々、大野氏夫妻らに「今にこの冊子が博物館に入るようにしてみせる」と言っていたという。編集用の一冊には「どうしたらみんなが文を書けるかその実験」「どうしたらそれが全国に広まるだろうかその実験」「どうしたらめいめいが自分の文を書けるかその実験」と書き込んでいた。

「ふだん記運動」はその後、全国に広がり、今も北海道から福岡県までグループ一八団体が活動。定期的に会員の文章を載せた文集を刊行している。大野氏は「私も、ここまで長く続くとは思っていなかった」と言う。

「ふだんぎ」創刊号を見ると、筆者に家庭の主婦や農業経営者らの名前が並んでいる。書かれた内容はさまざまだが、東京・多摩地域を基盤とした住民の文化活動の色彩が濃く、地域と集団（組織）に重点が置かれている。最近の自分史の主流とはだいぶ趣が異なり、橋本自身、当初は「自分史」という言葉は使っていない。一九七八（昭和五三）年出版の『だれもが書ける文章』（講談社現代新書）に『自分史』のすすめ」という副題を付け、「『自分史』を書きなさい」という一章を立てたのが初めとみられる。もともとは自分史という捉え方をしていなかったのを、色川氏の著書で知られるようになったことで「自分史」の名称を使ったのではないか。同書も、一九六〇年に作った冊子「平凡人の文章」を基に「文章は下手でもいい」などと、文章を書く態度に重点を置いている。

橋本鋼二氏は語る。「父は、初めから自分史を志向したわけではなかった。物書きを商売にしている人以外で発表の場がない人、社会的なエリートでなく〝受け身〟のさまざまなキャリアの人に、自分から発信させる場をつくりたいと考えたのだろう。『褒めて育てて』コンプレックスを取り除くのが自分の役目』と思ったのでは？　多摩地域は実験地であり、地域にこだわらず、全国に広がってほしいと願っていたはず」

戦前の生活綴り方運動

名古屋市で洋紙、紙製品、フィルムを扱う会社の副社長を務める釋七月子《しゃくなつこ》さんは、自分史の調査・研究を続け二〇一八年三月、『『自分史』の基礎研究——自分史の動向と作品分析』の論文で文学博士号を取得。現在は名古屋大学で博士研究員をしている。二〇〇六年に出版した『自己表現としての自分史——「他者としての読者」の獲得』は、歴史的な流れを追って自分史を位置付けている。それによれば、「一九六〇年代以前の自分史の源流までさかのぼっていくと、『ありのままに書く』ことを重視した戦前の生活綴り方運動が浮上してくる」という。

久野収・鶴見俊輔『現代日本の思想』（岩波新書、一九五六年）は、日本におけるプラグマティズム（実用主義）の例として生活綴り方運動を挙げ、「その源流は芦田恵之助にさかのぼることができる」としている。国語教師だった芦田は一九一六（大正五）年、『読み方教授』を出版。「綴り方は自己を書くものである」と唱え、「見たこと、聞いたこと、行ったことなどをありのままに書く」ことを主張した。それまでの、教育勅語に裏付けられた教師の押し付けによる紋切り型の国語教育から子どもたちを解放する運動だった。

次いで夏目漱石門下の作家・鈴木三重吉が一九一八（大正七）年、児童雑誌『赤い鳥』を創刊。全国の子どもたちの綴り方を取り上げた。さらに昭和に入ると、東北地方や東京・江東地区の小学校教師らがそれぞれグループをつくって独自に綴り方運動を推進する。そうした動きの中から生まれたのが、ベストセラーになった豊田正子の『綴方教室』（中央公論社、一九三七年）。舞台化、映画化もされて話題になった。『綴方教室』を自分史的作品と位置付ける研究者がいるが、〝本末転倒〟の感じがする。

伝記『万人に文を』によると、橋本義夫は戦前、「教育科学研究会」幹事長だった教育学者・留岡清男（戦後、北海道大学教授）との交流を書き残している。留岡は当時、岩波書店の雑誌『教育』の編集長。一九三七（昭和一二）年に城戸幡太郎・法政大学教授（戦後、北海道大学教授などを歴任）を会長として立ち上げた同研究会は、「東北の綴り方教師たちの後ろ盾になって理論的支えを与えている」（『現代日本の思想』）とされた。

「教育科学研究会の一行を初めて八王子市役所に招いたのは昭和十二（一九三七）年の十

一月二十八日?頃かと思う」。橋本は戦前の文章にこう書いている。交流は続き、三九年八月には、留岡を再び八王子に招き、同研究会南多摩支部が発足。同年一一月二五日には「留岡先生から視察してきたばかりの生々しい『北方教育』の近況を話してもらった」と研究会の記録にある。『北方教育』は、秋田県の教師だった成田忠久らが一九二九（昭和四）年に創刊した生活綴り方運動の機関誌。橋本が生活綴り方に関心を抱いていたことがうかがえる。

一方で、一九三八年にローカル紙に寄稿した文章に、その年八月に公開された映画『綴方教室』（高峰秀子主演）の評があるが、併映のアメリカ映画『オーケストラの少女』と比較して「同じ貧乏でも日米の差がありすぎるのは寂しい」と感想を述べただけで、特別な興味を示していない。

太平洋戦争が始まると、進歩主義的な傾向があった生活綴り方運動のグループは次々弾圧され、一九四三（昭和一八）年には、最後に残った教育科学研究会も検挙された。城戸、留岡とも敗戦後まで拘束が続いた。再び綴り方運動が盛り上がるのは、『北方教育』につながる東北の教師グループが戦後、活動を再開し、山形県の中学校教師無着成恭《むちゃくせいきょう》氏が指導してまとめた詩・作文集『山びこ学校』（青銅社、一九五一年）がベストセラーになるまで待たなければならなかった。一九五〇年代からは生活綴り方に影響を受けた「生活記録運動」が盛んになるが、「六〇年安保」が近づくと、新左翼系から厳しい批判を浴び、急速に退潮を示す。

釋さんは『自己表現としての自分史』の中で、『ふだん記』運動は三つの大きな柱を持っていた」と指摘している。

それは、①専門家や知識人、文化人といった一部の人たち以外の、今まで書かなかった名もない庶民に文章を書いてもらい、書かれた文章の批判はしない、②文章のうまい下手を問題にせず、日常使っている自分の言葉で生活の匂いのある文章を書いてもらう、③競争をさせない――だという。

そうして考えていくと、橋本らの「ふだん記」運動は、精神的な系譜として戦前、戦後の生活綴り方に連なり、それを受け継いだといっていいようだ。

「中高年のもの」というイメージ

その後、自分史の動きは橋本の構想を超えて大きく広がる。自分史の草分けの一人で研究家の吉澤輝夫氏は「自分史は自伝の大衆化だ」と言う。吉澤氏によれば、「自分史のブームは二度あった」。

第一次は戦後間もない時期。朝鮮戦争の特需などで一財産つくった戦後成金らが、自分の成功談などを振り返った本を自費出版で出すことが流行した。第二次は、吉澤氏が「奇跡の三年間」と呼ぶ一九八四〜八六年。昭和が終わりつつあるという感慨から時代を回顧するムードが盛り上がったうえ、出版業界に受け皿となる出版支援サービスなどの態勢が出来上がり、自分史の動きが広まる環境が整ったという。その後、一九九三年には研究者や編集者らによる「自分史学会」が設立され、一九九九年には愛知県春日井市で「日本自分史センター」が開設されるなど、自分史をめぐる動きが各地で展開された。

第一次、第二次のブームを経て、自分史は拡大、拡散した。自分史という名称が市民権を得たのは確かだが、最近は「自分史は中高年のもの」というイメージが定着。ややマンネリ気味に感じるのは私だけではないだろう。要因の一つは、自分史の取り組みがさまざまな分野で、お互い無関係に、アプローチもバラバラで進められていること。研究対象にしている分野でみても、自分「史」だから歴史学、文章だから文学なのをはじめ、社会学、心理学、教育学、脳科学、福祉学、医学、看護学、民俗学など、多くの専門分野にまたがっている。

その理由は、自分史をどう捉えてどう生かすかという方向性の違いだろう。私見ではその点で四つに分かれる。一つ目は「書くもの（内容）に関心がある」タイプ。歴史学や文学、民俗学などがこれに当たる。二つ目は「書くこと（行為・作業）に関心がある」で、教育学や脳科学、社会福祉、介護などが当てはまる。三つ目は「書く人（人間の状態）に関心がある」タイプで、心理学や臨床医学、看護学、そして社会学の一部がこれに該当する。そして四つ目は「語られ方と聞き方（語られる内容や語り手と聞き手のコミュニケーション）に関心がある」タイプ。社会学のうち「ライフヒストリー」や「ライフストーリー」という研究分野がこれに当たる。

一つ目から三つ目までは自分で書くことが中心だが、四つ目は基本的に聞き書きを想定している。ライフストーリーの考え方に立つ人は「自分史はライフストーリーの一部」とする。逆に、「聞き書きは口述筆記と違って、自分史ではなく自伝」と主張する研究者もおり、見方は定まっていない。

自分史への向き合い方がこれだけ違うので、お互いの交流や接触が少ない。そして学術研究的な立場の人たちからは、自分史は、自費出版を中心にビジネスと密接に結び付いた大衆文化活動とみられ、無視ないし軽視される傾向が強いようだ。

なぜ自分史を書くのか

それでは、人は何のために自分史を書くのだろうか。自分史とは異なるが、自伝を書く動機について、ノンフィクション作家・保阪正康氏は著名人の文章を取り上げた『自伝の書き方』（新潮選書、一九八八年）で分類している。

①自分の人生を書きとどめておきたい（内的衝動）
②自分がいかに成功者になったか（自己誇示）
③自分の人生を児孫に伝えたい（教訓）
④自分の歴史的役割を残しておきたい（記録性）
⑤自分の特異な体験を広く後世に伝えたい（特異性）

当てはめると、無名の人が書く自分史は①の内的衝動と③の教訓の意味合いが強いことになる。

二〇〇二年に関西学院大学で教育心理学の博士号を取得した山田典子さんの論文「自分史の心理学的研究」は、多数の自分史を読んだうえで、内容によって次のように分析している。

①自分の生き方や存在、家門のルーツを子孫に伝える
②自分の生き方の考察と未来への展望
③学術的・歴史的証言として

これも納得できる分析といえる。

第二次ブームが尾を引いていた一九九五年九月に発行された『現代のエスプリ「自分史特集号」』は吉澤輝夫氏が編集。当時、自分史が置かれていた状況を網羅している。その中の「自分史文化論」で吉澤氏は『「生きた証」が自分史づくりの最大のモチーフになっている」と書いている。当時はそう位置付けるのが主流だったようだ。

同書に収録された、同年二月に北九州市で開かれた自分史のパネルディスカッションの記録は興味深い。そこで東京大学名誉教授の作家・柴田翔氏は、「日本には短詩形―俳句と和歌の非常に長い伝統と、現在まで続く非常に盛んな活動」があり、「専門の俳人や歌人の他に」「例えば、新聞なんかにもしょっちゅう素人の読者の俳句とか短歌が載って」おり、「自分史はあれにつながってくるんじゃないか」と語っている。さらに、「人間が生きていると、世の中でさまざまな出来事に出合い、心を動かす。その動いた心のさまを歌うのが(和)歌で、自分史も大きく言えばそれにつながる」と述べている。外国にも自分史的な性格を持った文学作品はあるが、自分史がすんなり受け入れられるのは日本独自の文化風土が背景にあるからではないかという見解で、説得力がある。実際に俳句、短歌、川柳でまとめた自分史も存在する。

私は、立教大学で文章実習の授業を一〇年担当した。毎年最初に学生に示すのは「人間はなぜ文章を書くのだろうか」という設問だ。担当した最初の年、私は授業をどう進めるかを考えた結果、どうしてもその疑問から始めなければならないと考えた。参考になる本を探したところ、唯一、元朝日新聞編集委員の轡田隆史《くつわだたかふみ》氏が書いた高校生向けの『小論文に強くなる』（岩波ジュニア新書、二〇〇〇年）が「なぜ人間は文章を書くのだろうか」から書き出しているのを知った。

轡田氏はその答えを「人間が生きているから」だとした。いくらなんでも「構えが大きすぎ」と思ったが、私が一年授業を経験してたどり着いた答えは「人間は考えるから」だった。「生きているから」と五十歩百歩と言われるかもしれない。でも、「考えるから」とすれば、授業は単なる文章指導にとどまらず、学生たちに刺激を与えて考えてもらう授業に「深化」させることができる。最近は柴田氏の言葉も取り入れて学生にこう言っていた。「人間が文章を書くのは、考えるから、または、何かに触れて心を動かすから」

この「文章」を「自分史」に代えても意味は通じる。

自分史はもっと自由でいい

千葉県佐倉市の「佐倉自分史の会」会長の高橋正雄氏は八三歳。自分史的エッセーを書くようになって一五年目だが、その中で感じたことがあるという。「自分史を書いたことで、自分に納得がいくような生き方をしようと思うようになった」。その言葉の意味は、自分史は過去を振り返るだけでなく、現在を通して未来に向かっているということだ。

自分史は「ある時代を生きてきた自分を書く」ことで、自己表現の一種。さらに「自分史を書くのは人間が考えるから」「心を動かすから」という捉え方と重ね合わせれば、「これからの生き方を模索するために、現在の時点に立って、これまでの自分を省察した結果を文章にまとめた、自分についての物語」という、自分史の新しい意味が生まれる。自分史は中高年の専有物ではなくなり、就職活動に立ち向かう若者にも、介護し介護される人たちにも、そして、東日本大震災の被災者にも有用なものになる。

私の考えでは、自分史は内容によっていくつかのタイプに分かれる。生まれて物心ついてから現在までを振り返る自分史を「通史」とすれば、半生のうちの一時期に限定して書く「部分史」や、あるテーマに絞った「テーマ史」もある。部分史は「幼児期」「高校時代」「恋愛、結婚期」など、通史の中の一時期を取り上げたもの。テーマ史は、通史の中から何かのテーマを限定してまとめたもの。「私のスポーツ歴」「趣味の変遷」などがこれに当たるだろう。

この三つ以外に、自分の過去に関するさまざまな物語がある。仮に「自由史」と呼んでおく。四つのうち、テーマ史と自由史は「自分史的エッセー」と呼んでいいだろう。現在全国にある自分史サークルのメンバーが書く内容はおおむねこれに当てはまるはずだ。

自分史といえば通史のイメージが強いが、それだと、厳密には一人の人間は一つしか自分史が書けないことになり、ハードルが高い。自分史はもっと自由でいいと私は思う。通史、部分史、テーマ史、自由史は全て自分史と考えていい。部分史やテーマ史をいくつも書き、それが連なって通史になると考えればそれで十分ではないか。

フィクションは許されるか

自分史の「元祖」色川大吉氏は歴史家として「自分史も歴史である」ことにこだわる。著書『自分史』（講談社学術文庫、一九九二年）にはこうある。「個人にとって真に歴史を振り返るとは何を意味するのか。その人にとっての最も劇的だった生を、全体史の中に自覚することではないのか。そこに自分の存在証明を見出し、自分をその大きなものの一要素として認識することではないのか」。この意見に対する反論も多い。現実的に見ても、色川氏のような〝厳格な〟歴史意識に基づく自分史はかなりレアだといえる。私もそうした自分史の条件付けは厳し過ぎるのではないかと思う。必要なのは、自分も歴史の一部であり、自分も歴史をつくっているという自覚なのではないか。

記者として長崎支局に勤務していた時、原爆と被爆者の取材をした。赴任した翌年、メインの担当者として企画のテーマを韓国・朝鮮人被爆者に絞ったが、その際、過去にどんな原爆報道が行われてきたかを調べた。その過程で、自分がやっていることも、長い間続いてきた原爆報道の流れの中に位置付けられるという感覚を得た。「いま現実に動いている歴史の中を自分も生きている」「自分も歴史の一部であり、極言すれば、自分も歴史をつくっている」という感覚。自分史でも書き手にそれがあれば、自分史的エッセーも自分史と考えていいのではないだろうか。

自分で書くか聞き書きかということも、自分史の大きな課題だ。そこにはプロセスの違いとともに、「聞き手の資質」という重要な問題がある。ライフストーリーの研究者たちは、聞き書きでの語り手と聞き手のコミュニケーションを重要視し、「ライフストーリーは語り手と聞き手の共同作業」と捉える。私は基本的に、自分で書くだけでなく、聞き書きでつづられた文章も自分史と位置付けていいと考える。

さらに言えば、自分を書くということは、自分のことを取り上げた文章だけを言うのではない。全ての文章は、つまるところ「自分がどんな人間か」を表現する。身の周りの人間やモノ、状況を描いても、それは自分を書くことになる。ここ数年、立教大学の授業の最初の文章課題は、「自分を書く」をテーマに「スマホ（ケータイ）と私」にしていた。スマホに依存し（中にはスマホにニックネームを付けている学生もいる）ながら「このままではマズい」と思っている学生が多い。書かれた文章からは今の若い世代の心情が浮かび上がる。

自分以外のことを書く例として「猫」をテーマに四通りの自分史を考えてみる。①自分が飼った複数の猫の時系列的な記憶（通史）、②個別の猫の時系列的な記憶（部分史）、③複数の猫の子猫のころの記憶（テーマ史）、④猫に関わる記憶ならなんでも（自由史）――。「猫」を通してでも十分、自分を描くことができるし、書いた文章は自分史（自分史的エッセー）になるはずだ。

問題はまだある。「自分史にフィクションは許されるか」という疑問だ。これまでも真剣な論議が展開されているが、私はそれほど重大な問題だと思わない。そもそも人間の記憶に思い込みやあいまいな部分が含まれることは避けられない。年表や資料と照合し、記憶の間違いや微妙なズレがないかどうか確認するが、それでも完全にチェックするのは不可能。結果として誤りや意図しないフィクションの記述が紛れ込むことはあり得る。もちろん、正確を期すための努力はすべきだし、事実から懸け離れたフィクションには私も否定的だが、全体としてそれほどこだわるべき問題だとは思えないし、思わない。

まとめれば、自分史とは「歴史（全体史）との関係を踏まえて、これからを生きるために、いまの時点に立ってこれまでの自分を考え、その結果を自分についての物語として文章化したもの」と捉えていいと思う。映像や画像、音声などによる自分史も「あり」だろう。

第二章　書くための準備とプロセス

「天・地・人」をベースに

ちょっとでも自分史に関心がある人は、次の質問を見てほしい。あなたなら、どう書くだろうか。これは、私が考える自分史作りの第一歩。自分の過去、現在、未来をコンパクトにまとめるための「ライフヒストリーシート」と名付けた質問形式だ。

ライフヒストリーシート

Q1. あなたのお名前は？　親しい人から何と呼ばれていましたか？
Q2. 生まれたのはいつですか？　そのころ、世の中ではどんなことがありましたか？
Q3. 生まれ育ったのはどこですか？　それはどんな所ですか？
Q4. ご家族の状況は？　どんなご家族でしたか？
Q5. いま最もよく思い出すのはいつごろのことですか？　その場所はどこですか？　その時、関わっていたのは誰ですか？（複数あれば、その項目ごとに時期、場所、人を書いてください）
Q6. これまでの人生を振り返って、どんな人生だったと思いますか？
Q7. いまのあなたの夢は何ですか？　将来の希望は？

Q8．死ということについて、どう思いますか？

Q9．いま、ご家族や親しい人に伝えたいことは？

Q10．あなたは自身の「自分史」をまとめてみたいと思いますか？　次の中から選んでください。
①全て自分でまとめてみたい
②指導・サポートがあれば、自分でまとめてみたい
③聞き書きをしてもらってまとめてみたい
④その他

介護関係者の一部で、介護分野に自分史的な取り組みを導入する動きが始まっている。一つは、デイサービスの利用者に自分史を書いてもらおうという構想。私も協力しており、二〇一七年に東京・板橋のデイサービスセンターを何回か訪れた。詳しくは第七章で書くが、「デイサービスの利用者の中で、『自分史を書きたい』と思っているお年寄りをどう導くか」という課題をスタッフから与えられた。そこで、いくつかの自分史指導本に書かれているマニュアルを参考に、「自分史希望者」に必要事項を書き込んでもらう質問用紙を作った。「天（生きた時期）」、「地（生きた場所）」、「人（人間関係）」の三つをベースに、そ

の人の半生のどこを取り上げれば自分史の「物語」として書くことができるのか、テーマとポイント（時期）の目星をつける作業。それがこのライフヒストリーシートだ。

対象が高齢者の場合、「夢」や「希望」を聞くのは意味がないとか、「死」について聞くのは無神経だと感じる人がいるかもしれない。しかし、人間にとって「夢」と「希望」は、生命が続いている限り持つもの。「死」についても、かつて特別養護老人ホームの施設長を務め、介護分野に「自分史」を導入する活動を進めている「エイジング・サポート」代表取締役の小川利久氏は、「高齢者は、年下のわれわれが考えるよりずっと、死を冷静に受け止めています」と言う。その言葉は私にとって軽いショックだったが、納得して「死」や「遺言」のような質問項目も入れた。

このシートに書くのは、自分がこれまで生きてきた人生を振り返って、現在の時点から大まかな「総括」をすること。デイサービスの利用者だけでなく、自分史作成を希望する人全員に使える内容であり、年齢が若くてもアレンジすれば使えるはずだ。担当した立教大学の文章実習でも、二〇一七年の授業で手直ししたライフヒストリーシートを書いてもらった。

テーマとポイントを絞らないのは〝自殺行為〟

第一章で、自分史には、誕生からの半生をたどる「通史」のほかに、「部分史」「テーマ史」などがあると書いた。ここでは、少しでも自分史を書くハードルを下げるために、部分史とテーマ史をベースに検討する。部分史もテーマ史も、それを複数連結したものが通史になるという考え方。主な対象として想定するのは、周囲に自分史や文章に知識と経験を持つ人物がいない人だ。

部分史やテーマ史として取り上げるのは、ライフヒストリーシートの「Q5」の答えとして書かれる内容が中心。重要なのは、「今こだわっていること、気になっていること」に重点を置く姿勢だ。それこそが、現在の自分が抱えている懸案事項の記憶であり、「内心から外へあふれ出す」のを想定している内容。言い換えれば、潜在的に「自分が書きたいと思っていること」だからだ。

「自分史を書いてみたい」と思う人にとって、基本的な問題は二つある。一つは、過ごしてきた人生で積み重なった数多くの記憶の中から、個人の物語としてまとめるテーマとポイントをどう選ぶか。もう一つは、特に文章を書いた経験が少ない人の場合、文章そのものをどう書けばいいかだ。文章の書き方については次の章以降で説明するが、「何をテーマに、いつごろの時期にポイントを置けばいいか分からない」という人は多いだろう。誕生に始まり、物心ついてから現在までを時系列的に追う通史を目指す人でも、半生の物語の「ヤマ場」はいつで、その時どんなことがあったのかなど、テーマとポイントを絞らないまま書くのは、読み手の反応を考慮に入れれば、ほとんど〝自殺行為〟に近い。よほど筆力があるか、戦争や原爆被爆など、強烈で決定的な体験がなければ、叙述は平板になり、肉親や親しい人以外は読むのに苦労する内容になりがちだ。テーマとポイントのつかみ方も含めて、自分史に関心がある人を実際に書くまでに持っていくには、具体的にどう考えを組み立ててどうやって進めればいいのか、考えてみる。

「仕掛け」などのプロセスが必要

これまでの自分史を書く指導法として圧倒的に多いのは、まず「自分史年表」を作ること。指導本の多くもそれを中心に置いている。本の一、二ページを一年分に充て、上段の欄に毎年、世界や日本でどんなことがあったかが、あらかじめ活字で打ち込まれている。自分史を志す人は、その年に自分や家族の状態はどうだったか、健康状態や趣味や人間関係は、などを下段の空欄に書き込むやり方。ほかにも、自分の人生の幸福感などを曲線グラフに描く「ライフライン」や、それをいくつかの時期に区切って見出しを付ける「ライフチャート」と呼ばれる表を作る方法もある。さらに、自分の思い出に残っている場所の周辺を手描きで地図に書く「ライフヒストリーマップ（思い出地図）」や家系図作りなども。

どれも、自分の頭の中に埋もれている記憶を呼び起こすには有効なやり方だし、ほかにも同様の記憶喚起法があるかもしれない。しかし、たとえ呼び起こした記憶を年表やチャート、地図に書き出しても、それですぐに自分史の文章が書けるだろうか。問題はそれほど簡単ではない。どうしても、「仕掛け」を含めたいくつかのプロセスが必要になる。

高齢者の場合、自分史の大きなポイントとなるのは「戦争」だ。現在九三歳以上の男性であれば、兵士や軍属などで戦場に行った体験を持っている可能性が強い。七〇代後半以上の男女なら大なり小なり、空襲や疎開、徴用《ちょうよう》、動員といった戦争体験がある。こうした戦争に関わる体験は、自分と周りの人々の生死に直結していることから、他の人生経験に比べて圧倒的に記憶が強烈で、今も重く心に抱えている人が多い。自分史でもそれがポイントになるし、その時期から書きたいテーマが少なくとも一つは出てくるはずだ。

それより少し下の世代でも、六〇歳以上であれば、さまざまな戦後体験から「六〇年安保」、東京オリンピック、学生運動などの出来事のどれかに記憶が引っ掛かっている可能性があり、テーマやポイントを探すのにそれほど苦労はないだろう。

「アドバイザー」「サポーター」は不可欠

ライフヒストリーシートに書き込まれた内容は、直接か間接に、自分史作りのアドバイザーないしサポーターの役目を果たす人が目を通すことになる。自分史の講座やサークルに属している人なら講師や指導者、学校では教師、介護や福祉の施設だとスタッフらだが、それ以外の場合は家族や知人・友人、ボランティアということになるだろう。その人が本人と話し合いながら、半生の中で「物語」として取り上げて描けるテーマとポイントの目星をつける。その役割は自分史作りの中で相当重い。

それは、この段階で最終的にどんな自分史になるか、全体像がある程度イメージできなければならないからだ。その作業を、自分史を書こうとする本人が一人でこなすのは、文章のプロのような人でない限り難しい。人間はそれほど自分を客観的に見られないし、自分の過ごしてきた時間への思い込みは本人だけのもので、親しい人にもなかなか通じない。書き始めてからも適宜アドバイスし、イメージが違う場合は注意し、最後まで書き通せるように励まし、サポートする。自分史作りのレースを一緒に走る伴走者のような存在だ。

自分史をまとめるには、そうしたアドバイザーやサポーター的な人間がどうしても要る。自分史や文章にある程度詳しい人ならアドバイスに重点が置かれるし、詳しくなくても、精神的にサポートするだけで違う。近くにボランティアのような人もいない場合は、家族や友人・知人の中で趣旨に賛同し、協力してくれる人を探すことが大事だ。その人にとっても、一緒に自分史作りの道を歩き、物語を共有する「共演者」として、精神的に大きな収穫が得られる可能性もある。

「自分で書く」か「聞き書き」か

この段階ではさらに、「自分の手で書く」か「誰かに聞き書きしてもらう」か、判断しなければならない。自分史は本来、自分で書くことが前提。自分がたどってきた人生の足どりを自分で文章にするのが基本で、特に中高年の場合は、認知症予防など、医学・心理学的な側面からも、自分で書くことが望ましいとされる。自分史関連本のほとんども、自分で書くことを想定している。私も考えは同じだ。

しかし、現実的に見れば、高齢者が自分で文章を書くにはいくつものハードルがある。文章を書いた経験がなく、テーマや構成をどうすればいいか分からない、漢字や用字用語を知らない……。書き慣れない人の文章への抵抗感は根強い。アドバイザーやサポーター役がいたとしても、最後まで書き終えるのは容易ではなく、どうしても聞き書きにせざるを得ないケースがある。特に介護の世界では、自分で書くことを想定するのは現実的でない。その点にこだわって自分史そのものを諦めてもいいのかどうか……。

確かに、自分で書くのと聞き書きでは、意義も手法も全く違う。学術研究的にも違う位置付けがされている。ただ私は総合的に見て、聞き書きによる文章も自分史の範疇に入れていいと考える。この本も「自分で書く」「聞き書き」の両方を想定している。聞き書きの場合、聞き書きを担当する人がアドバイザーやサポーター役を兼ねることになる。その人には大きな比重と負担がかかるが、文章をまとめる過程は自分で書く場合よりずっと簡単だといえる。

この後のプロセスは、自分で書く場合と聞き書きの場合で分かれる。自分で書く場合、記憶を総ざらいする次の段階に進む。

「フレームワーク法」

ライフヒストリーシートからある程度、テーマとポイントに目星がついたとしても、すぐ自分史が書けるわけではない。「具体的にどう書けばいいか分からない」とパニックに陥ったり、書き始めても、完成するまでには数多くのネックがあったりして、途中で断念せざるを得ないことも少なくない。全国唯一の自治体による自分史組織「日本自分史センター」（愛知県春日井市）で書き方講座などの専任講師をしている安藤錦風氏は「講座終了時に『まとめたら持って来なさい』と言っているが、実際に持って来る人はほとんどいない」と話す。自分史を書く入り口に立っても、進行状況に応じた指導や激励がなければ、意欲を持ち続けることが難しい証拠だろう。

立教大学の文章実習の授業で、人生経験も文章体験も少ない大学生に「このテーマはこう書けばいいのでは？」と伝えられるやり方をいろいろ考えた。そして、一つの方法を思いついた。それは、あるテーマに関して、自分が思い浮かべた記憶の要素をできるだけ多く引き出し、それを整理・統合して書く内容を決めるやり方。私のように、文章を書くことを生業にしてきた人間だけでなく、誰でも、考えをまとめて文章にしようとする時は、頭の中でこうした作業をしているはずだ。重要なのは、目に見える文字の形にして実行すること。そのやり方は自分史を書く場合にも転用できる。記憶の要素を枠（フレーム）に入れて整理するので、仮に「このテーマはこう書く」ための「フレームワーク（枠組み）法」と呼ぶことにする。

思いが込められるテーマを

①テーマに関して思い起こす要素をできるだけ多くリストアップする（書き出す）。
②要素は自分の体験や知識から引き出す。
③書き出した要素を性格や傾向によって分類し、紙に書くか「Word」など文書ソフトで作ったフレーム（枠組み）に書き込む。
④分類した同じフレームの中の要素同士や、違うフレームの複数の要素を組み合わせて

構想をまとめる。
整理に使うフレームの表は次のような形だ。

「　　　　　　」をフレームで考える

■	■
■	■
■	■
■	■

テーマは「家族」や「街」「故郷」「犬」「猫」といった具体的なものでも、「希望」「悔

恨」など、抽象的なものでもいい。ここでも、自分が今もこだわっていることで、自分の思いが込められるテーマにすることが肝心だ。一般的に重要だと思われるテーマでも、本人の気が乗って書く意欲が続かなければ、最後まで書き切るのは難しい。例として「桜」をフレームワーク法で考えてみる。

簡単な例を挙げれば、例えば「桜の季節」のフレーム中の素材を組み合わせて、自分の小学校、中学校、高校の卒業式と友達との別れの思い出を、桜を媒介に物語ることができる。フレームの仕切りを超えて検討すれば、「桜の場所」のフレームから千鳥ヶ淵や靖国神社の花見の記憶を、「桜のイメージ」から散り際の潔さ、悲壮美、死を思い起こし、「戦争との関連」から、多くの若者が命を失った特攻隊を想起。それらを結び付けて「花見―桜―死―戦争―特攻隊」の具体的な文章を考えることができるだろう。

ほかにもいろいろなくくり方が考えられる。これは基本的にテーマ史だが、それを特定のポイント（時期）の出来事に置き換えれば部分史になる。もう一つ、フレームの分け方だが、これは作る人間が考えるしかない。具体的なもの、抽象的なものを含めて、記憶を総ざらいするには、どんなフレームにしたらいいかを考える。実はそれが自分の記憶を分類・整理する作業の重要な第一歩になる。試行錯誤することがかえって望ましい。

ついでに書いておくと、このフレームワーク法のアイデアは私の完全なオリジナルでは

◎「桜」をフレームで考える（案）

■桜のいろいろ ▽桜の種類　ソメイヨシノ　ヤマザクラ　ヒガンザクラ　八重桜　枝垂れ桜　河津桜 ▽サクランボ（桜桃） ▽サクラソウ（桜草） ▽バラ科 ▽桜湯 ▽桜餅	■桜の場所 ▽桜の名所　靖国神社　千鳥ヶ淵　上野　隅田川　三大桜（三春滝桜、山高神代桜、根尾谷淡墨桜）、弘前　石割桜、河津　高遠　嵐山　吉野… ▽学校・公的機関に植えられた ▽国際交流（ワシントン・ポトマック河畔など）
■桜の季節 ▽卒業式・入学式＝日本の教育システム ▽出会いと別れ ▽岐路・出発 ▽「サクラサク」「サクラチル」	■桜の性格 ▽日本の国花 ▽季語「桜」 ▽花見　▽開花宣言　▽標準木 ▽桜前線 ▽桜を愛する日本人 ▽「狂気」 ▽国定教科書
■桜のイメージ ▽日本人＝武士の象徴　▽武士道 ▽「花は桜木、人は武士」 ▽「散り際の潔さ」　▽悲壮美 ▽死 ▽「敷島の大和心を人問わば朝日に匂う山桜花」 ▽「忠臣蔵」浅野内匠頭の切腹	■戦争との関連 ▽特攻兵器「桜花」 ▽特攻隊「山桜隊」 ▽「桜会」 ▽戦艦「大和」出航時の桜 ▽「同期の桜」 ▽「万朶の桜」
■創作物 ▽文芸「桜の園」「桜の森の満開の下」 ▽歌舞伎「義経千本桜」 ▽映画「桜の園」「男はつらいよ」（「さくら」） ▽唱歌「さくらさくら」 ▽歌「桜・サクラ・SAKURA」（森山直太朗・コブクロ・いきものがかり）　▽「桜坂」（福山雅治） ▽落語「長屋の花見」「頭山」	■名称 ▽人名　さくらももこ　桜井翔　桜井和寿 ▽地名　桜田門　桜木町　桜島　桜井　桜馬場　さくら市 ▽固有名詞　さくら銀行　さくらカラー　山桜名刺　チャンネル桜 ▽桜肉・桜鍋

ない。一九六七年に出版された樺島忠夫・京都府立大学助教授（当時）の『文章工学』（三省堂新書）からヒントを得ている。同書に、ブレーンストーミングのやり方として要素をブロックで整理する手法が示されていた。現役記者だった時にこの本を読み、実際にシリーズ企画の構想を練る際に利用。大学の授業を担当するようになって「文章指導にも使える」と考えついてアレンジした。

これで、一つのテーマについて自分史を書くための記憶を引き出せたことになる。もちろん、これは一つのやり方で、記憶の分類・整理にはいろいろな考え方がある。フレームの中にかなりの数の要素が書き込めたからといって、うまく文章がまとまる保証はない。しかし、一歩二歩前進したことは間違いない。

私は戦後の駅前の子どもだった

具体例として、私自身のことを取り上げてみよう。私は戦後間もないころに千葉市で生まれた「団塊の世代」。ライフヒストリーシートを書いてみて、思い出す時期や場所、人は複数あったが、その一つは、物心ついてから小学校高学年までの数年間で、場所は家が商店を開いていた旧国鉄千葉駅前、関わる人は父母と姉、兄になる。その「私は戦後の駅前の子どもだった」をテーマとし、関連する記憶を掘り出して総ざらいしたうえ、フレームワーク法の枠組みで整理したのが次の表だ。

■生活
・貧しく不衛生だった（便所はまだくみ取り式）
・水道もあったが、井戸をよく使っていた
・買い物はほとんど駅前の商店街で
・主食は麦を混ぜた米、時にはうどん
・おかずは魚の干物が多く、肉はめったになし
・暖房はコタツと火鉢、後から石油ストーブ
・服は兄のお下がり。買うのは正月ぐらい

■文化
・映画全盛時代（『笛吹童子』『ゴジラ』…）
・一家で映画好き（子どもらは高田浩吉ファン）
・歌謡曲全盛（美空ひばり、春日八郎『お富さん』、姉は島倉千代子）。映画音楽が人気
・テレビが出始める。文房具屋でプロレス観戦
・ラジオが定着していた（落語、浪曲、ドラマ）
・家では読売新聞購読（父は朝日ファン）

■趣味・娯楽
・駅が子どもの遊び場（待合室でかくれんぼ）
・横丁（突き当たりが材木店）が主な遊び場
・遊びはベーゴマ、ビー玉、缶蹴り…
・８月の神社の祭りで子ども神輿《みこし》を担ぐ
・海水浴場は川鉄進出で汚染
・兄と２人は巨人（特に同郷の長嶋）ファン
・大相撲は栃錦ファン（父は若ノ花、兄は朝潮）

■学校
・生徒数多く、低学年は午前・午後の二部授業
・校庭に柵がない池があった
・体育館（講堂）がなく、学芸会は県教育会館で
・一時期、校長は父の師範学校同級生
・父は元小学校教師の「教育パパ」。学校の「父兄参観」はいつも父で、恥ずかしかった
・給食の脱脂粉乳はまずかったが飲んだ

◎「私は戦後の駅前の子どもだった」をフレームで考える

■天（時代）＝1951年ごろ〜1960年ごろ
・戦争の傷痕が残る（家の柱に空襲の痕、ガード下にバラック、父が持ち帰った鉄かぶとが金魚鉢に、進駐軍のジープ、傷痍軍人…）
・少しずつ豊かさを実感（電化製品、衣食住）
・ほぼ全てが現金決済。途中から月賦出現
・台風が多かった。冬寒く夏暑く（冷暖房不備）
・ビキニ水爆実験でのマグロ汚染に衝撃

■地（場所）
・自宅は母の親族からの借家。家業は国鉄駅前通りで商店（帽子屋から靴屋）
・駅は古く「０番線ホーム」あり。駅前広場は狭く、車が混雑して危険
・隣の店は親類経営。前にパン屋、肉屋…
・駅と自宅の間にある踏切、国道の陸橋
・石造りの県庁、桃山造りの市役所

■人（家族、知人、友人）
・父、母、姉、兄の５人家族
・両親が店を経営。家にあまりいなかった
・父母が仕入れに子どもを交代で連れて行った。帰りの浅草・国際劇場が楽しみだった
・店の年末の記憶が強烈。特に大みそか（紅白歌合戦は子どもたちだけでラジオで）
・兄は３歳上で同じ小学校。よく比較された

■自分
・幼稚園には行かず、父に勉強を教わった
・近くの小学校へ国道を徒歩10分余りの通学
・成績はよかった。特に国語は学年トップ級
・本が好きだった（小説の子ども版など）
・詩と絵で全国コンクール入選。習字を習う
・皮膚が荒れ性で、冬はヒビを切らしていた
・友達は自宅周辺でなく店の周辺が多かった

梗概にまとめ、「評価」を

ここまでの結果をどう具体的に文章を書くことに結び付けるかが次の課題だ。フレーム

ワーク法で整理した記憶の要素を組み合わせて、自分史の物語として文章化できる「原型」を考える。私の例で言えば、「狭い駅前広場がバスや営業車などで混雑し、待合室が子どもたちのかくれんぼの舞台だった旧国鉄千葉駅の思い出」というイメージだ。子どものころを回想した短い自分史的エッセーなら、これで書けるだろう。結論というか「締め」をどうするかが問題だが、それはこれから検討する。

次に、原型ができて書くと決めた物語を梗概にまとめる。加えて、その物語の「評価」を記述する。梗概はあらゆる文章において重要で、ここできっちり構想を詰め、文章の骨格を考えておかないと、実際に文章を書きだしても、途中で進まなくなる。テーマやこれから書く文章の長さにもよるが、長くても四〇〇字程度におさめるのがいいだろう。長過ぎると、これから書く本文との関連があいまいになり、書くうえで助けにならない。メモのような箇条書きの梗概も考えられるが、本文のニュアンスや雰囲気につなげるためには、引き伸ばせば本文になるように普通の文章で書く方がいい。

文章を書くうえで重要なのは、それが書く本人にとってどんな意味を持つかを考えることだ。全ての文章は直接間接に「自分は何者か」を説明する自己表現であり、最終的には、書く人に何らかの利益を還元する。利益とはモノではなく、精神的な何かだ。そのために、これから書く自分史の「意味」を確かめておく必要がある。物語の梗概と一緒に、書くテーマを、当時と現在の二つの視点から評価し、位置付けなければならない。この形式を仮に「マイバックページシート」と呼んでおこう。内容は次のようだ。これから書く自分史の物語の内容をここで具体的な形に確定することになる。

マイバックページシート

①物語の見出しと梗概。
②当時、その物語のことをどう感じ、どう考えていたか。
③現在から見て、物語にどんな意味があったと思うか（評価）。
④そこから何を学び、どう生かしたか。

ここでも、私自身の「戦後の駅前の子ども」を例に考えてみる。

①見出し　戦後の駅前の子どもとして
梗概　戦後間もないころの旧国鉄千葉駅は古い駅舎で、駅前広場は狭く、バスや営業車などが混雑して危険だった。そこを行き来する人々も貧しかった。私たち駅前の子どもにとって、待合室はかくれんぼの舞台で、駅の周辺は日常的な遊び場だった。い

ま思えば懐かしいが、駅は住民に親しまれる空間であってほしい。
②当時は幼く、何も考えていなかった。ただ、楽しかった思い出だけが残っているし、懐かしい。
③現在の駅を考えると、構内が子どもたちの遊び場になることは想像できない。今なら問題になり、家庭や学校でも取り上げられるかもしれない。のんびりした時代で、街や駅は人間にとっていまよりずっと親しい存在だったといえる。
④昔のように構内で遊ぶことは無理でも、駅を、ただ人々が通り過ぎる場所というだけでなく、もう少し、住民にとって親しみが持てる空間にできないだろうか。「エキナカ」とは違う形で、待合室や伝言板を活用して表現や交流の場にするなど、駅を活性化させることを検討しては？

概念的すぎると言われるかもしれない。「自分史を書くのに、そこまでやるのは面倒」と思う人もいるだろう。ただ、梗概や評価は大事だし、ここできっちりやっておけば、この後、本文を書くのがずっと楽になるのは間違いない。ここまで考えを進めれば、記憶を掘り出して集めた要素で文章が書けるような気になってくるはずだ。さらに、評価には「自分史は、ただ回想や懐古でいいのか」という、これまでほとんど触れられなかった問題に対する答えもひそんでいる。

過去を回想し、時代を懐古することは、自分史の本質のようにも、目的のようにも思える。自分史の大半はそうした内容だし、「それで十分」「それ以上に何が必要なのか」という意見もあるだろう。私もその考え方を否定はしない。ただ、過去を振り返るといっても、その「基点」はあくまで現在にある。今その記憶についてどう思い、どう評価しているのかが重要だ。「はじめに」で書いたように、自分史が「今を基点に、これまでの自分の過去を見つめてその意味を問い直し、これからの自分の未来をどう生きるかを考える」ためにあるなら、これから書こうとする文章の意味を問うことはどうしても抜け落とせない。それを考えておけば、最終的に書き上がった自分史が回想文や懐古談にとどまったとしても、本人にとって書いた意味は、当初構想した時より豊かになっているはずだ。

なるべく具体的に

いよいよ、実際に自分史の本文を執筆するところまできた。具体的な書き方は第三章以下で詳しく説明するが、文章をまとめるうえでの重要なポイントを何点か書いておこう。これは聞き書きの場合にも有効だ。

①「論を展開する」のではなく、読み手にとってインパクトの強いエピソードを前面に出し、なるべく具体的に書く。会話（話し言葉の「　」）を積極的に使う。
②書き終わったら読み返して（できれば音読）内容をチェックする。
③その文章にふさわしいと思う見出しを付ける（マイバックページシートの見出しから変わることもあり得る）。
④年表や日記、メモ、手紙、写真、履歴書などを使って、書いた（書こうとする）記憶が正確かどうか、事実を確認する。親族や友人・知人に話を聞くこともある。
⑤必要なら、時代背景や世の中の出来事を「メモ」として文中に挿入する。
⑥写真、絵（イラスト）などの併用を積極的に検討する。

繰り返すが、自分史のまとめ方にはいろいろな方法があり、これは私の考え方にすぎない。ただ、自分史を書きたい、あるいはまとめたいと思っている人にとって、実戦的であることには自信がある。試してみてほしい。

注意点が一つ。当然のことだが、思い出を書く場合、自分だけでなく家族、友人・知人らのプライバシーに触れることがある。場合によってはその人たちの「恥」になることがあるかもしれない。この段階はまだ個人的な作業で、人の目に触れることは少ないだろうが、そのまま自分史の物語として書けば、プライバシーや恥が文章になってしまう。十分配慮しなければならないと思う半面、自分史に限らず、文章はある程度、自分をさらけ出さなければ、思いが読み手に伝わらないという現実もある。兼ね合いは難しいが、自分史の趣旨を考えれば慎重にすべきだろう。

年表は期間を限って

年表やマップを作っただけですぐに文章が書けるだろうか、と書いた。しかし、思い起こした記憶が正確かどうかを確認するためには、自分史年表を作ることも有効だ。多くの自分史関係者が指摘するように、世界や日本の全体史と、その中における個人の自分史との連関を重視するならば、不可欠な「手続き」になる。ただ、多くの自分史指導本が年表を全てのスタートや手掛かりとしているのは得策ではないと私は考える。

中高年の場合、誕生以降の長い期間をカバーする年表を作るのは労力が要るし、資料と突き合わせて事実関係を確認、検証する作業は負担が重い。記憶が漠然としていたり、書き出した量が少なかったりしてスカスカの年表になってしまうかもしれない。この段階で「これは無理」と諦めてしまう人も少なくないはずだ。逆に年表作りに〝ハマって〟それ自体が目的のようになり、そこにとどまってしまうこともあり得る。

年表は記憶と事実を照合し、記述が正確か確認するためなど、補助的な手段に限定していいと思う。作るとしても、物語の中心となる期間より少し広げた範囲で十分だろう。「健康」「趣味」「娯楽」などは一年二年で区切れない場合が多いので、罫線を気にせず書き込むようにした方がいい。多くの自分史指導本にある項目も私なりに検討し、整理して「ライフクロニクル」と名前を付けてみた。記入するのは次の項目だ。

①当時の社会の動き
②自分のこと（学校、仕事、家族関係、健康、趣味、娯楽など）
③家族・友人のこと
④場所（住居・職場など）
⑤そのころの感情・思考（何を考え、どう思っていたか）
⑥そのころについての感想・評価（今どう考えているか）

この段階では、市販の現代史年表をはじめ、日記やメモ、手紙、写真、履歴書などの資料を使って、記憶が正確かどうかを突き合わせ、確定していく。自分で記憶していたことが、照合してみたら違っていて、内容を見直さなければならないこともあり得る。さらには、記憶に関する人物、親族や友人・知人に話を聞くこともあるだろう。

私自身の「戦後の駅前の子ども」の例をライフクロニクルにすると次のようになる。留意してほしいのは、一般的な「自分史年表」と異なって⑤と⑥に重点を置いていること。マイバックページシートの評価と重なる。年表だけで自分史の文章を書くのは難しいというのは、思い起こした記憶をそのまま固定して文章にしてしまうのが主な原因だ。記憶について「当時、そのことやものについてどう思っていたか」を考えることが必要だし、さらに、「現在の時点から、そのことやものをどう思うか」という評価が重要だ。この⑤と⑥が、最終的に書くテーマとポイントに意味を与える。

これで、自分で自分史を書く準備は整ったことになる。物語の内容や性格によっては、ライフチャートやライフライン、ライフヒストリーマップ（思い出地図）、家系図などを併用してもいい。例として挙げた私の「戦後の駅前の子ども」なども、当然マップがほしいところだ。もし、自分史を年表作りからスタートさせたとしても、これまで書いたフレームワーク法による整理や、マイバックページシートでの梗概と評価といった作業は不可欠になる。

1956	1957	1958	1959	1960
9	10	11	12	13
日ソ国交回復 メルボルン五輪 「もはや戦後ではない」	岸内閣成立 初の原子炉臨界 ジラード事件	東京タワー完成 「三種の神器」普及 ロカビリー旋風	皇太子成婚 伊勢湾台風 第1回レコード大賞	「60年安保」 浅沼社会党委員長刺殺 カラーテレビ放送開始
ンクールで「特選」（父が指導） 高田浩吉の映画は必ず見た つも手にヒビを切らしていた	店の商売が不調。生活苦しく父母の間に不協和音	父が自宅で学習塾 長嶋茂雄プロデビュー	毎週民間テスト受験	小学校卒業、中学校入学 靴店廃業
姉が中学校卒業、高校入学 と仲良しに	兄が小学校卒業、中学校入学		兄が家を離れる 母が宗教にひかれる 姉が高校卒業、生命保険会社入社	父が楽器会社に入社
近くの山にカブトムシ捕りに		京成千葉駅移転		
お下がり。 た 「特選」になったが、 たから冷静だった	店がうまくいかず生活が苦しかった。 「貧乏は嫌だな」と思っていた ↓ わびしさが懐かしさに変わっている 父と母の間が一時ぎくしゃくしていた印象 ↓ どちらにとっても幸福な結婚ではなかったのか			

◎ライフクロニクル「戦後の駅前の子ども」

西暦	1951	1952	1953	1954	1955
年齢	4	5	6	7	8
当時の社会の動き	サンフランシスコ講和条約 民間放送スタート 映画『羅生門』	ヘルシンキ五輪 メーデー事件 『君の名は』ブーム	奄美群島復帰 バカヤロー解散 テレビ本放送開始	自衛隊発足 洞爺丸事件 プロレスブーム	「55年体制」成立 第1回原水禁大会 小説『太陽の季節』
自分のこと（学校、仕事、家庭、健康、趣味娯楽）	母と不和 “プチ家出” 疫痢感染？	父に連れられ小学校“行商”仕入れに同行、帰りに浅草 駅周辺や店近くの路地で遊ぶ	幼稚園に行かず店の前の路上で勉強	小学校入学 ビキニ騒動 プロレス観戦（文房具店などで）	詩や絵の全国コ 東映『笛吹童子』人気 荒れ性で冬はい
家族、友人	兄が小学校入学	店周辺の同世代の子どもと遊ぶ	姉が小学校卒業、中学校入学		小学校の同級生
場所（住居、職場）	家の周辺より店の周辺が遊び場（駅の構内でかくれんぼ） 駅に０番線ホーム		川鉄千葉稼働 出洲海岸汚染始まる	商店街のにぎやかさが好きだった（特にクリスマスセール）	
そのころどう思っていたか↓今どう思うか	母と相性悪くたびたび衝突 ↓ 相当ひねくれた子どもだったのだろう 駅や商店街で遊ぶのが楽しかった ↓ 近代化される前の街が許容していた			教科書や服のほとんどが兄の 寂しくほかの子が羨ましかっ ↓ いまも心の中に残っている 詩や絵の全国コンクールで父の指導のおかげだった ↓ 才能がないことは分かってい	

聞き書きの場合

誰かに聞き書きをしてもらって自分史を作る場合は、プロセスが全く異なる。フレームワーク法を聞き書きで実施するのは難しいし、それ以降の、自分で書く場合の手法もほぼ成立しない。全ては、聞き書きの対象となる人から記憶を引き出し、構成して評価する聞き手の意識と力量にゆだねられる。聞き書きの場合の具体的なプロセスは次の通りだ。

①ライフヒストリーシートの結果を基に聞き手が構想を立て、レジュメを作る。
②聞き書き（インタビュー）をする。
③語り手の考えを聞き、物語を評価する。
④年表などの資料と照合して聞き書きの内容を確認、修正する。
⑤執筆する。
⑥本人に見せて確認、手直しする。
⑦必要なら時代背景などの「メモ」を作る。

場合によっては④と⑤が前後することがあるかもしれない。自分で書く場合と同様、物語の内容の評価は重要だが、意味は異なり、かなり客観的な評価になるだろう。それも含めた全ての段階で、聞き手＝インタビュアーの力量が最大の課題で、聞き手の力量を急速に上げる効果的な方法はない。聞く側に問われるのは知識だけでなく、その人がそれまで生きてきた人生の中で得た経験。一朝一夕には身に付かず、長い時間が要る。第三章で書くが、「聞く人間もまた聞かれる」のだから。

東京・板橋のデイサービスセンターで、利用者である当時九九歳の女性の自分史の聞き書きをした（第七章で詳述）。まとめた文章を見せると、デイサービスの担当スタッフから「とてもいいが、自分たちでは同じようにできない」と言われた。介護の分野で自分史に取り組むとすれば、聞き書きが主で、聞き手はスタッフにならざるを得ない。相手が高齢者となれば、文章に関心や素養があるかどうかだけでなく、ある程度は歴史的な知識や関心も必要になる。スタッフにとってハードルは高い。スタッフの手助けにと考えた聞き書きのやり方は第三章で書く。

自分史を書くために何が必要か、おさらいをしておこう。

おさらい

自分史を書くために

①スタートは「ライフヒストリーシート」に必要事項を書き込むことから。記憶を引き

出す。

②アドバイザーないしサポーターが内容を見て、本人と話し合いながら、どのテーマとポイントにすれば「物語」として書けるか、目星をつける→六〇歳以上なら一つはある。

③自分で書くか聞き書きにするかを決める→それぞれに難問がある。
自分で書く→ポイントやテーマの選択、文章力・構成力
聞き書き→聞き手の知識と経験が問われる

（ここまでは共通）

▽自分で書く場合

④ライフヒストリーシートで目星をつけたポイントとテーマについて、「フレームワーク法」の「このテーマでこう書く」のやり方で記憶を総ざらいし、素材を整理して物語の構想を立てる。

⑤「マイバックページシート」に物語の見出しと梗概、当時と現在から見た意味・評価を書き込む。

⑥執筆する。

⑦必要なら「ライフクロニクル（自分史年表）」などを作って記憶を補強。資料と照合し

て記述が正確かどうかチェックする。親族や友人・知人に話を聞くことも。

▽聞き書きの場合

④ライフヒストリーシートの結果を基に、聞き手が構想を立てる（レジュメを作る）。

⑤聞き書きをする。

⑥聞き手と語り手が話し合って聞き書きの結果を評価する。

⑦資料と照合し、聞き書きの内容を確認、修正する。

⑧執筆する。

⑨書いた文章を本人に見せて確認、必要なら手直しをする。

▽「自分で書く」「聞き書き」共通

※自分史をまとめるためには「アドバイザー」か「サポーター」が不可欠。

※内容に応じて、「ライフヒストリーマップ（思い出地図）」「ライフライン」「ライフチャート」「家系図」などを作ってさらに記憶を呼び起こし、整理する。

第三章　自分史の文章術

起承転結に意味なし

「昭和〇〇年〇月〇日、私は〇〇県〇〇市の〇〇で生まれた。家は〇〇で……。そのころ、世の中では〇〇があった……」

時系列で半生をたどる自分史（「通史」）の書き出しはこんなふうになりやすい。しかし、ちょっと待ってほしい。自分史でも、自己満足に終わらせず、誰かに読んでもらいたいと思うなら、書き方について、考えを根本から変えた方がいい。どうすれば自分の思いが十分こもって読み手に伝わりやすい文章になるか。それを頭をひねって考えることが自分史を書くうえでも重要だ。

一九七〇年代のフォークソング「神田川」の作詞者、喜多條忠氏は朝日新聞のインタビュー記事で、文章について母親から言われたことを語っている。

「『学校に行った』と書き出すと、『一番印象に残ったことから』と大きな消しゴムで消す。書き直しは何度も。『起承転結は当たり前の文にしかならない。結から始めてもいい』と小一の子どもに言うのです」

この点については私もほぼ同意見だ。立教大学の授業では、文章指導でよく持ち出される「起承転結」にほとんど重きを置かなかった。理由はいろいろあるが、一つ挙げれば、紹介できる文章の実例がないからだ。考え方は正しくても、趣旨を十分正確に伝えることが難しい。いくら概念を説明しても、実際の文例を示して理解してもらうようにしなければ、聞いた側は「ああ、そうか」で終わってしまい、実際に文章に生かすことにはつながらない。

自分史での時系列的な記述も同様だ。半生をたどる通史はハードルが高いと同時に、思うような結果にならないことが多い。自費出版の自分史をかなり読んだが、通史の場合は時系列の形が多く、はっきり言って、関心を保ったまま全編を読み通せる作品はわずかだ。

自分史年表を作って年代順に記憶を掘り起こしていけば、こういうスタイルになるのは仕方がないかもしれない。しかし、これではほとんど〝勝負〟にならない。半生のどこかに強烈なインパクトのある物語が存在するか、文章がうまいかなど、読み手を引き付ける魅力がなければ、親族や友人ら以外の人に興味を持たせるのは難しいだろう。それは時期を限定した「部分史」や、テーマを絞った「テーマ史」でも同じだ。

共同通信の入社試験の予備段階で大学生の小論文を何十本か読んだことがある。目を通していくと、ほとんどが同工異曲の文章。そのうち、見出しと冒頭の数行を読んだだけで内容を判断し、後は流し読みして取捨選択してしまうようになった。つまり、見出しと書き出しで「おや」と思わせるような、人と違う文章でなければ、読み手との〝勝負〟には勝てない。自分史も同じだ。単純に時系列で書くのではなく、構成を練り、インパクトの強い表現と展開を心掛けなければ、独りよがりで読むに堪えない文章になってしまう。

場を限定することで迫真力が増す

私は文章指導で「場の限定、状況の限定」が大事だと話した。文章が平板になるのを避けるために工夫した文章の書き方であり、私が勝手に名前を付けただけで、新聞記事などの文章作法としては昔からある。「場の限定」は、事件・事故記事での「雑観」(事象の本筋のデータをまとめた「本記」に対して、現場の模様や雰囲気などを表現する記事)の考え方といえる。昔の社会部記者はこれをたたき込まれたが、きちんと説明した文書などはない。それを基に私が考えたのは次のような手法だ。

1. ある時、ある場所、ある状況に絞って書く。
2. 場所の特徴、人の表情、会話(話し言葉の「 」)、色、音、匂い、味、感触などを入れて具体的に(五感を使う)。
3. 映像のイメージでいえば、「ロングショット」ではなく、情景や人間を「ズームアップ」して捉える。

4. 経過説明や「論」は後回しにしていい。
5. 分析や解釈など、「論＝理屈立て」は希薄でも仕方がないと割り切る。
6. テーマについて全てを書こうとしても無理。全体は書き切れない。部分をクローズアップして詳しく書く。その結果、落ちる要素があっても構わない。読み手には部分から全体を想像させる。

大学の授業の「立教と私」という課題で、ある年に一人の学生が提出した文章の粗筋はこうだった。「高校三年生で志望大学選びに迷っていると、父親が『東京の私大を見に行こう』と言い出した。夏休みに一緒に立教大学を訪れてキャンパスを見た時、『ここに来たい』と思った」。入学するまでの動きを順を追って書いていた。私は「場の限定」の手法で書き出しを変えた。『『この学校に来たい！』』。私がそう思ったのは去年の夏休み、父と立教大学に行った時だった」。それ以前のことはその後に回した。

もちろん、文章はいろいろな書き方があり、このやり方が全てではない。ただ、文章を書き慣れない人にとっては、こうした「場の限定」の書き方を覚えた方が手っ取り早いし、効果的だと思う。自分らしい独自の文体を身に付けるのは、書き慣れて、さまざまなスタイルの文章を手掛けてからでも遅くない。

小倉豊文・広島大学名誉教授（故人）の『絶後の記録』（中央社、一九四八年）は、「原爆体験記として最初のもの」（同書中公文庫版「はしがき」）。著者は「被害者として死んだ妻に対して、その死の前後の事実を報告せずにはいられぬ気持に囚われ」たと書いている。その本文の冒頭。

「ピカッと、とても巨《おお》きな稲妻《いなずま》が光ったと思ったの。それから、なんにもわからなくなっちゃったの。福屋の前で……」

文代――

八月七日の夜、奇跡的にまだ生きているお前とめぐりあった時、お前はとぎれとぎれにそういったね。その八月六日の朝、お前が八丁堀の福屋の前に立っていた頃、俺は偶然向洋《むかいなだ》のあたりを広島の方に向って歩いていた。

実によく晴れ渡って、広島特有の風の無いむし暑い朝だったね。

一九四五（昭和二〇）年の広島への原爆投下からの一年間を、被爆死した妻への手紙の形でつづっている。冒頭、妻の言葉を借りて原爆が落とされた八月六日の広島に場面を絞り込んでいる。そうして場を限定したことで記述は迫真力を増し、同書は最良の被爆ドキュメントになった。

一つの場面を設定し、時間と場所をそこに絞って描写する。こうした書き方が私の言う「場の限定」だ。自分史の場合も、最初は時系列で書いたとしても、効果的な文章になるように、後で順序を変えることを検討した方がいい。パソコンの文書ソフトなら簡単にできる。最低限、「関東大震災が起きた大正一二年九月一日、私は○○で○○をしていた」、「太平洋戦争の敗戦を告げる昭和天皇の玉音放送を聞いたのは○○の○○でだった」ぐらいの書き出しにすべきだろう。

読み手に興味を持ち続けてもらうには

「状況の限定」は、自分史のうち、テーマを決めて書くテーマ史の考え方に近い。例えば、自分の過去を振り返り、趣味やスポーツ、遊びなどを取り上げて書く手法だ。

数年前の大学の授業の「立教と私」の課題。やはり「高校生の時にオープンキャンパスで初めて来た」とか「入学試験でキャンパスを見て、この大学に入りたいと思った」という文章が多かった。その中で、一人の学生が五円玉の話を書いてきた。これまでも「ご縁がありますように」という願いを込めて、いろいろな所に五円玉を置いてきた。入試で立教大学に来た時、試験の合間に建物の間の通路に行き、隅にこっそり五円玉を置いた。そのおかげもあってか、合格。入学後、一度見に行ったら、まだ同じ場所にあった。今度また確認しに行こう、という内容だった。

これは、五円玉を置いたところから書き始めれば「場の限定」になるが、以前から何回も五円玉を置いてきたことを最初に書けば「五円玉」をテーマにした「状況の限定」といっていい。

自分史のうち、時期を区切った部分史は「場の限定」「状況の限定」を使えば書きやすい。「状況の限定」に考え方が近いテーマ史は、併せて「場の限定」を利用すればさらに効果は増す。通史も導入部をはじめ、全体としてもこの考え方を生かすべきだと思う。自分史に限らず文章の書き手に必要なのは、読み手の立場に立って、どうすれば興味を持ち続けて読んでもらえるかをとことん考え、工夫することだ。

手法としての聞き書き

第二章で聞き書きの場合の聞き手の問題を指摘した。私は編集委員時代を中心に、企画記事などでインタビュー取材をすることが多く、明治大学の提携講座で何回か、「手法としてのインタビュー」という話もした。立教大学の授業でも最近数年間、「人を書く」というテーマで学生同士でインタビューし合い、「人」を取り上げた新聞のコラムふうの文章を書いてもらった。その資料に、「手法としてのインタビュー」のレジュメのコンパクト版を配布した。さらに、東京・板橋のデイサービスセンターから相談を受け、介護スタッフが聞き書きをする手助けにと、そのレジュメをアレンジして作ったのが次の文章だ。

「自分史聞き書きの手法」

1．聞き書きに「こうすればうまくできる」というマニュアルは存在しない

2．自分史の聞き書きをどうやるか

①何のための聞き書きか（どんな文章にするか）をはっきり意識する

・自分史の「通史」か、時期を区切った「部分史」か、テーマでまとめる「テーマ史」か。

②ポイントは？　狙いは？

・「ニュース」を探す心構えが重要。相手の人生のどのポイント、どのテーマに「物語」の重点があるか、検討する。

③大まかな構想を立てる

④どんな手段で

・基本は面談。補足質問や確認で電話、FAX、手紙、メールなども。
⑤どんな準備を
・取材する相手のデータや「ライフヒストリーノート」に目を通し、本人について予備知識を得ておく。ただし、詳しく知っていればいい聞き書きができるとは必ずしもいえない。
・質問項目作り。実際には方向が変わることもあり、備忘録程度に考える。
・録音は？　雰囲気が変わる可能性はあるが、基本的に必要。必ず相手の了解を取る。
⑥どのくらいの時間が必要か
・通史か部分史かテーマ史かによって変わる。部分史なら「一時間プラスα」だが、本人の成育過程や経歴・体験を聞く通史は手間がかかるので「二時間かけるα」。最低でも二時間か。
⑦どう進めるか
・生まれ（場所・家庭環境）、成育過程、学歴、職業歴、家庭関係、地域、趣味、特技、嗜好《しこう》……。事前の資料や年表を基に確認する。通史の場合は時系列で聞くのがオーソドックス。
・きっかけを探す。人間像を読み取り、スムーズに話を聞き出す「カギ」がどこにあるかを時系列で追う中で見つける。ささいな部分にカギがある場合も。聞き手にどれだけ「引き出し」があるかが勝負。

・「知ってるふり」をして聞くか、「知らないふり」（黒柳徹子さんの例）か。それぞれメリットとデメリットがある。

・聞き書きにも「相性」がある。相手の癖（抽象論、独自の世界観、自分の「枠」に持ち込む）などを見極める。実際に相性が悪くてまともな会話にならず、インタビューが成立しなかったことも。

⑧気をつけること

・話の流れを重視。焦らず相手に話をしてもらい、その中で相手の癖をつかみ、カギを探す。強引にこちらの聞きたいことだけに引き込まない。

・自分がしゃべりすぎない。テレビ局出向時代のインタビューで、後で映像を見ると、相手が「ハイ」しか言っていなかったことも。

・相手の話から「カン」をとる。話したことが正確かどうかを見定める。結果がその後の流れにも影響する。

・相手が聞かれたくないことも、相手の了解が得られる範囲で聞く。前置きをして聞く（「失礼な質問かもしれませんが……」）。

・聞き手もある程度、自分をさらけ出さなければ、内容のある応答にならない。
・相手の話を聞きつつ、質問項目を見ながら、聞き漏らした点がないかどうか、チェックする。
・相手や第三者のプライバシーに関することがないかどうか、留意する。
⑨避けること
・複数の人から一緒に聞くのは避ける。質問と答えの整理が難しい。
・聞き手もなるべく一人で。複数の場合は「主」と「従」に役割を分担する。
・酒席は雰囲気がよくても、後で「？」ということになりやすい。メモも取りづらく、抽象的な印象しか残らない。
⑩留意事項
・聞き書きがスムーズにいったからといって、結果がいい文章になるとは限らない。「完璧に聞けたが、まとまらない」こともあれば「不完全だったが、文章を書くには十分」な場合も。
・完全に聞けることなどない。補足質問に備え、必ず連絡先・メールアドレスなどの確認を。
⑪文章の事前確認、「オフレコ」

・単なる文章のチェック（相手の好みの文章にする）はさせないようにする。場合によっては、データ部分だけ見せることも。「これは書かないで」という「オフレコ」要求は基本的に受け入れる。

3．聞き書きをどう文章にするか

①どうまとめるか

・どんな文章形式にするか、考える。聞き書きの内容によっては当初の構想から変化することも。

・インタビューからあまり時間がたたないうちに録音を聞き直し、メモを読み返す。ポイントを蛍光ペンなどでチェック。聞き書きした記憶を洗い直し、その時の雰囲気や相手の印象を思い起こして書き足し、文章の構想を練る（ここが特に重要）。それから構成を考える。

・口から出なかったことは書かないということではない。本人に確認して追加することも。

②どう書くか

・モノローグ（一人称）、一問一答、普通の文章（話し言葉を「」で入れる）のどれを選ぶか。内容が「強ければ」モノローグ形式が最も有効。

・「文章は人」。記事をうまく書くマニュアルはない。苦しんでもがかなければ、いい原稿は書けないかもしれない。「長く書いて短く切る」が基本。細かく削るとニュアンスが変わるなら、塊で切る。
・口癖や方言など、会話の特徴を逃さない。
・ポイントとなる言葉を落とさない。
・文章は正確を期す。録音やメモと突き合わせて確認する。原則は「うそは書かない」(本当のことだけしか書かないのではない)こと。

4. まとめ

①聞き書きは有機的なもの。聞き手と相手のコミュニケーションによって変わる。さまざまな要因があり、結果が予測できない。目的と効果が一致しないことも
②聞き書きは聞き手の素顔もさらけ出す。聞き書きする側もまた人間性を問われていると考える
③聞き書きの成否を左右するのは、聞く側と聞かれる側の関係性。聞く側の立場と認識も問われる。社会人・個人としての全人格が問われる。自分をさらけ出さない記事が読者を納得させられるか?
④「最高の聞き手」は宮本常一。コツは「友達になること」

⑤重要なことは「何を伝えたいか」という思い。聞き書きする側の価値観、世界観が反映される

もちろん、この通りやれば聞き書きがうまくできるとはいえない。このレジュメの冒頭にある通り、マニュアルはないのがインタビューであり、聞き書きだ。

最高のインタビュアー

インタビューについて話す時、よく持ち出すエピソードがある。民俗学者の宮本常一は大学教授時代、よく学生を連れて集落に聞き書きに行った。ある時、宮本が不在で学生たちだけで土地の古老を訪れたところ、興味深い話がたくさん聞けた。「これなら先生にも負けないだろう」と、帰って宮本に伝えた。翌日、宮本が同じ古老に会いに行った。戻ってきて学生に報告すると、前日聞いていなかった面白い話が次々出てくる。感心した学生が「先生、どうしたらそんなに話が聞き出せるんですか？」と問うと、宮本はこう答えた。「そんなの、簡単だよ。友達になればいいんだよ」。これをもって私は「最高のインタビュアー宮本常一」と呼んでいる。

友達とまではいかなくても、相手を知っている、相手と親しいということは、いい聞き

手になり得る有利な条件だといえる。相手の反応も違ってくるはず。その点に自信を持って、聞き書きする相手に向き合うべきだ。

第四章　見出し付けと音読の効用

エッセーにタイトルを付ける

一つ、クイズを出す。あなたなら次の文章にどんなタイトル（見出し）を付けるだろうか。

みかんの盛りのころになると、八百屋のおかみさんが、よく、学校がえりの私を呼びとめた。

「あたりみかんがあるよ。母ちゃんに、そうお言い」

私はみかんが大好き。おかみさんもそれを知っていた。

母にせがんで小銭をもらい、目ざるをかかえてとんでゆくと、山のように盛りあげてくれた。嘘のように安かったのは、どのみかんも、少しずついたんでいたからである。つまり、箱のすみっこで押しつぶされたり、むれたりした傷もの、というわけだった。べっとりとはり付いた皮を指先きでそっとむくと、甘酸っぱくておいしかった。まるっきり捨ててしまうのも、ちょっともったいない、というこの傷ものを、売る方も買う方もサバサバしていた。

八百屋のおかみさんには、

「お前さんとこは、こんなものが身分相応さ」

というさげすみは、気《け》もなかったし、母のほうにも、

「うちはこんなものしか買えないと思ってるのかい、人をばかにして……」

などというひがみはサラサラない。両方とも、

「子供の多いうちは、これでたくさんだよ、ちょいと見場《みば》は悪いけど、おなかこわすわけじゃないんだから……」

と、ケロッとしていた。

その底には、お互いの財布の中味を知りつくしている裏町のおかみさん同士のいたわりあいがあったのかしら。間違っても、「くされみかん」とは言わなかった。本当はそうなんだけど……。

「お貞《てい》ちゃん、今日は当りみかんが、うんとあるよ、大当り、大当り。早く母ちゃんにそう言っといで……」

沢村貞子『私の浅草』（暮しの手帖社、一九七八年）

同書は名エッセー集として名高いが、浅草で生まれ育ち、のちにその半生がＮＨＫ朝の

テレビ小説にもなった名女優による自分史的エッセーともいえる。実際にこの一編に付けられたタイトルは「あたりみかん」。比較的簡単な問題で、ある勉強会で「出題」した時も、参加者のほとんどが正解だった。「おいしいあたりみかん」などの答えもあった。「くされみかんとは言わなかった」というような見出しもあり得るかもしれない。ただ、もし「裏町の人情」「八百屋での出来事」などといったタイトルを付けたとしたら、考え方にいささか問題がある。詳しくは後で説明しよう。

見出し付けと音読

自分史の文章をどう書くか。その課題について、私には一般的な方法とはかなり違った、記者としての経験を踏まえた自分なりの文章指導法がある。重視していることは単純だ。中身に関してではない。①文章を書いたら、声に出して読む、②自分が書いた文章には自分で見出しを付ける——。この二つだ。それに「文章は適宜改行する（文章に段落を入れる）」を○・五として付け加えた「二・五の法則」を心掛けること。それで文章がうまくなるとは言わないが、間違いなく読み手に伝わりやすい文章が書けるようになるはずだ。

見出しとは、文章の内容の要点が一目で分かるように、本文の前に付けた短い語句。本文と密接に関係し、文章の面白さや分かりやすさは見出しで決まる。新聞記事も、見出しがつまらなければ本文も面白くないことが多い。そうした点に着目し、見出しを付ける作業を文章を練ることと結び付けて、文章訓練の有力な「武器」にした。見出しを付けることを、単なる技術にとどまらず、文章を考えて書くプロセスでの重要なポイントと捉え、文章を書く「運動論」の中心に据えるというのが私の基本的な考え方だ。

もう一つ。作家小関智弘氏のエッセーを例に検討してみる。タイトルを考えてほしい。

戦後間もない町工場で旋盤工になって、いくつかの町工場を渡り歩いて、五十年余り鉄を削り続けた。機械技術の進歩に身を委ねるように、最初はベルト掛けの旧式な旋盤を使い、後半生はコンピュータ制御の旋盤で鉄を削った。鉄を削るバイト（刃物）を鍛冶場で火造《ひづく》り、焼入れをして研ぐことができなければ一人前の職人とはいえないのが、かつての旋盤工であった。バイトの切れ味を耳で聞きながら、左右のハンドルを自在に捌《さば》いて、精巧な機械部品を削り出した。コンピュータ制御の旋盤の時代に入ると、バイトはカートリッジ式の使い捨てで、刃物を火造ることも研ぐこともない。機械はすべてコンピュータ制御されて動く。

一九七〇年代後半からの機械技術の進歩は、すさまじいものがあった。旋盤工の工はたくみを意味しているが、いまコンピュータ制御の旋盤の前で働く人の多くは、旋盤工とは呼べない。旋盤要員にすぎない。要員はたくみを意味しない。ことばは悪いが、使い捨て可能な、いつでもほかの人に取り替えることが可能な人員にすぎない。この変化は、旋盤に限らずものづくりのあらゆる分野で起こった。多くの町工場もその変化の波に呑まれて新しい機械に頼り、工《たくみ》を育てることを怠った。大量生産を前提とした時代はそれでよかった。ところが一九九〇年代に入って、中国その他の新興工業国の台頭によって、日本の産業は転換期に入る。多品種少量でも他国に真似のできないようなすぐれたものをつくらなければ生き残れない時代になった。新しい機械にだけ頼って、工を育てることを怠った多くの町工場は廃業を余儀なくされた。

このところわたしは、町工場の集積地として知られる地元の大田区と東大阪市のいくつかの、いまも元気にがんばっている町工場をたずね歩いた。ある程度予測できたことではあるが、そのほとんどの町工場には、新しいコンピュータ制御の工作機械と、汎用機《はんようき》と呼ばれる旧式の機械が同居していた。東大阪のある町工場は、アメリカの航空機や超精密な工作機械部品をつくるために、三次元CADを導入し、最新鋭の工作機械を揃えている現場であるが、同時にスイス製や国産のかつての名機がいまも現役で活躍していた。

そこの工場主《おやじ》さんがわたしに言った。

「こういう機械で若い人には鉄を削る手ごたえを憶えさえて（ママ）、それからあっちの機械を使ってもらわないとね。いきなりコンピュータでやらせたら〝削り〟を知らないでも、モノができるって錯覚しちゃうからね」

戦後しばらくの町工場にとっては垂涎《すいぜん》の的であったとはいえ、いまでは博物館ゆきも不思議ではない機械が、若い工を育てている姿がそこにはあった。錯覚しちゃうからね、という工場主さんの言葉が印象に残っている。

『カマキリの雪予想——06年版ベスト・エッセイ集』（文藝春秋、二〇〇六年）

見出しの原則

考え方はいろいろあるかもしれない。文芸作品を筆頭に、文章にどんな見出し（タイトル）を付けるかに正解はなく、どう付けようが筆者の勝手だ（新聞記事ならデスクや整理の判断があり、出版物であれば、編集者や出版社の意向もあるが）。私の文章指導の核心は、文章を書くことを最大の目的として、そのために、本文と見出しの関係を重視しようという点にある。その観点から、見出しを付けるに当たって次のように私なりの「三原則」を決めている。

①見出しは、文章の趣旨と特徴を、原則的に文中にある語句を使って表現する。
②その文章を成り立たせている（それがなければ文章が成立しない）印象的な語句（キーワード）は何かを考え、選び出す。
③単独の語句か、複数の語句の組み合わせで見出しを作る。

この「原則」を基に検討してみよう。この文章の見出しを単に「町工場で」とか「旋盤の新旧」などとする人は少ないかもしれないが、例えば「古い機械」や「一人前の職人」などとする考え方はあるだろう。中には「工を育てる」「古い機械が若い工を育てる」「鉄を削る手ごたえ」などを挙げる人がいるかもしれない。種明かしをすると、実際のこの文章のタイトル（見出し）は「錯覚しちゃうからね」だ。こうしたことから、見出しの付け方が大きく三通り浮かび上がる。

①文章の中の語句をそのまま取り出して付ける。（例）「錯覚しちゃうからね」「（古い機械が若い）工を育てる」「鉄を削る手ごたえ」
②文章の中の語句を組み合わせて付ける。（例）「旋盤要員でなく旋盤工を」「（若い）工の錯覚」
③文章の意味を汲み取って包括的に付ける。（例）「町工場の変化」「元旋盤工の思い」

「工場主の述懐」「機械の新旧」

私は①か②をすすめる。まず、見出しには極力、記事の中にある語句を使うようにすべきだ。それは、見出し付けを、文章を書くことと結び付けた運動論と捉えるために必要な方法だからだ。③の「町工場の変化」「元旋盤工の思い」のような見出しを、私は「丸めた見出し」と呼んでいる。この章の冒頭の沢村貞子さんのエッセーのタイトルを「裏町の人情」「八百屋での出来事」とするのも同じ考え方だ。間違いとは言わないが、このやり方は実際に文章を書くことにつながらず、有益でない。もっと言えば、そうした見出しの考え方は、文章経験の少ない人にとって勉強にならない。

もう一点、「町工場の変化」「元旋盤工の思い」に比べて「錯覚しちゃうからね」の方が直接的でインパクトが強いことはほとんどの人が認めるだろう。もちろん、直接的でインパクトが強いことが全てではない。しかし、第五章で詳しく書くが、私が最高の文章と考える「自分にしか書けない文章」を身に付けるためには、まず直接的でインパクトの強い文章を目指すべきだし、見出し付けでも、同じように考えるべきだと思う。

要約かキーワードか

「見出し付け三原則」の②で「キーワードを考え、選び出す」と書いた。これには方法が二つある。一つは本文を要約して梗概を作り、そこから見出しを引き出すやり方だ。この文章の梗概を検討してみる。

町工場の旋盤は、鉄を削る道具や技術を身に付けることができた手動の旧式から、大量生産時代でコンピュータ制御に変わった。その前にいる人は旋盤工ではなく旋盤要員。それが再び、すぐれた製品が求められる時代になり、工を育てる必要が出てきた。ある工場主は「最初は旧式の旋盤を使わせる。そうでないと錯覚しちゃうからね」と言った。

異論はあるかもしれないが、一つの例としてはこんな感じだろう。この梗概を基に見出しを考える。

もう一つは、本文中からキーワードを引き出すやり方だ。内容を考えれば、この文章からは次のような語句が順番に引き出せるはずだ。「町工場」「旋盤工」「旧式」「コンピュータ制御」「(一人前の)職人」「機械技術の進歩」「工」「旋盤要員」「ものづくり」「変化(の波)」「(工を)育てる」「転換期」「生き残れない時代」「古い機械が新しい工を(育てる)」「新旧の機械の同居」「鉄を削る手ごたえ」「錯覚しちゃうからね」

この二つのやり方で見出しを作る。大まかに言って、新聞記事などの実用的な報告文の場合は梗概から作る方がやりやすいし、エッセーなどはキーワードから考えるのが適当だろう。この文章の場合、本来の「錯覚しちゃうからね」以外に適当なのは「(古い機械が)工を育てる」あたりではないか。

よくあるのが、本文にはないが、本文の内容をよく表していると思う語句を見出しにするケース。その場合は、その語句を本文中に入れ直す(私は「還元する」と言っている)。また、いろいろ考えても、うまい見出しが付けられない文章がある。それは「核心となる内容がない」「意味が文章として表現されていない」など、文章自体に問題があると考えられ、文章を練り直す必要がある。整理してみよう。

①見出し付けは、音読と併せて文章を読み直し、考え直し、練り直す作業。
②見出しは文章の内容を把握しなければ付けられない。
③見出しを考えることで、内容を再検討することができる。
④原則的には、本文中の語句から引き出す。本文にない語句を見出しにした場合、本文にも入れる(還元する)。
⑤見出し付けは、本文中のキーワードを探す、あるいはキーワードを作る作業。

⑥包括的・説明的な見出しは避け、できるだけ直接的で強い表現を心掛ける。
⑦見出しが付けられない、付けにくい文章は文章自体に問題があると考えるべきだ。
⑧見出しを引き出すにはⒶ本文を要約して（梗概を作って）、そこから考える、Ⓑ本文中からキーワードを探す——という二つのやり方がある。大まかに言って、ニュース文はⒶ、エッセーなどはⒷか。

見出し付けが、読み手にとって分かりやすく、訴求力のある文章を書くための「運動論」だということをある程度理解してもらえただろうか。

音読のススメ

谷崎潤一郎の『文章讀本』（中央公論社、一九三四年）にこんな指摘がある。「現代の口語文に最も欠けているものは、目よりも耳に訴える効果、即ち音調の美であります」。谷崎は、声を出して読む習慣がすたれかけてきたことを嘆き、「文章を綴る場合に、まずその文句を実際に声を出して暗誦し、それがすらすらと云えるかどうかを試してみることが必要」と主張している。「人々は心の中で声を出し、そうしてその声を心の耳に聴きながら読む。黙読とは云うものの、結局は音読しているのである」と。

私も同じ考えだ。文章を朗読してみると、よくまとまっていれば、すらすら気持ちよく読める。読みづらかったり引っ掛かったりする場合は、文章のどこかに問題があると考えていい。①意味が通っていない、②センテンスが長すぎる、③句読点が適当な場所に入っていない、④主語・述語が適当な位置にない、⑤ワンセンテンスの中に動詞が多い、④動詞や名詞に掛かる形容詞などが多い……。

「問題がある文章は読みづらい」ということは、逆に言えば「読みやすい文章は問題が少ない」ことになる。読みやすさを求めるだけでいい文章が書けるようになるとは言い切れない。しかし、ひとまず、文章が抱えている問題の解決にはつながる。少なくとも、音読することで文章をチェックできる。大学の授業でも学生に自分の文章を朗読してもらった。

具体的な文章を例に考えてみる。

元女優・原節子さんが亡くなった。私にとって彼女の記憶といえば、やはり小津安二郎監督の戦後の三部作ということになりそうだ。『晩春』『麦秋』『東京物語』という三作品。役はもちろんそれぞれ違うのだが、役名はみな「紀子」で一緒。その点から考えてみると、その存在は、小津監督にとってイメージの共通する女性像ということなのかもしれない。

私が「人工的に」作った文章だから、不自然なところがあるが、声に出して読んでみると、あまりリズムがよくないことが分かる。私は文章を書くと、無駄と思われる語句を削り、説明不足と考えられる言葉を補い、「もっといい表現があるのではないか」と、時間の許す限り頭をひねる。そうして〝もがいて〟練った文章でなければ、思いが読み手に伝わらないのではないかと危惧するからだ。この文章も手直ししてみる。

元女優・原節子さんが亡くなった。私にとっての彼女の記憶は、やはり小津安二郎監督の戦後三部作になる。「晩春」「麦秋」「東京物語」。役はそれぞれ違うが、役名はみな「紀子」だ。その点からすると彼女の存在は、小津監督にとってイメージの共通する女性像なのかもしれない。

異論はあるかもしれないが、少なくとも文章のリズムはよくなっているのではないだろうか。

文章は「排泄物」？

音読には別の効用もある。私の記者生活の振り出しは、東京・池袋署の「サツ回り」だった。警察三階の記者クラブの狭い部屋に一〇社余りの記者が毎日、顔を突き合わせて詰めていた。警察が発表した事件・事故の原稿を書き、大きめの「発生もの」などがあれば現場に駆け付けて取材する。当時はパソコンはもちろんファクスもなく、記者は、原稿用紙に記事を書いたら本社に電話をかける。原稿を声に出して吹き込み、受話器を取った社内の記者が原稿用紙に書き取る。それを「原稿取り」といった。仕切りも何もないクラブでは、他社の記者が聞いている中、警察電話と公衆電話で吹き込まなければならない。最初は恥ずかしくてつい小声になり、場合によっては外に出て送稿した。しかし、ある程度慣れて自分の原稿にそれなりの自信が持てるようになると、人より早く原稿を書き上げ、みんなに〝読み聞かせる〟ことが一種の快感のようになってくる。

その意味を後になって気づいた。それは「書いた文章は自分の排泄物のようなもの」ということだ。人に知られるのは恥ずかしいが、それでもやらなければならない。ならば、そうした感情を無理やり押さえ込むのではなく、どうやって自分の中で折り合いをつけ〝居直る〟か。そうした葛藤を感じながら考えることは、文章を書くうえでとても大切だ。間違いなく、文章を書く自分に「覚悟」を植え付けてくれる。それも、人前で声に出して文章を読むことのメリットといえる。

見出し付けと音読を組み合わせて文章を完成させるまでの実際のプロセスを考えてみた。

①文章を書き終わったら、声に出して読む（音読が無理な場合は黙読）。
②文章の梗概を作る。あるいは、その文章を成り立たせている印象的な語句（キーワード）を文中から選んで書き出す。
③梗概を要約して、あるいは書き出した語句を単独かほかの語句と組み合わせて、文章に最もふさわしい見出しを考える。
④付けた見出しと本文をもう一度読み、関連を考慮して必要なら手直しをする——。

「ノッペラボー」はダメ

見出し付けと音読に比べてやや重要度は落ちるが、忘れてならないのが「段落＝改行」だ。大学生の文章には、四〇〇〜五〇〇字で一度も改行がないものもある。私はそれを「ノッペラボーの文章」と呼ぶ。例として挙げるのは、私が書いた評論記事の一部で、わざと改行をなくしている。

終戦直後の混乱の中、奇妙な事件が相次いだ。中でも東京都豊島区の帝国銀行（当時）椎名町支店を狙った強盗殺人「帝銀事件」は、国鉄総裁が轢死した「下山事件」

と列車転覆の「松川事件」と並んで「戦後三大事件」と呼ばれ、謎が語り伝えられてきた。「帝銀」の犯人は二種類の液体を、自分で手本を見せてから飲ませている。毒物の扱いに慣れた人物とみられ、捜査も、細菌戦で有名な七三一部隊など、旧日本軍特殊部隊に集中した。しかし、連合国軍総司令部の圧力で方向転換。毒物には全く素人の画家・平沢貞通元死刑囚が逮捕された。旧刑事訴訟法での裁判では、毒物の入手先などもあいまいなまま、取り調べ段階での自供と、持っていた大金を理由に有罪とされた。占領下で裏付け捜査も不十分だった。

この文章のどこに改行を入れ、段落を作ればいいか。内容の流れを考えれば、次のようになるのではないか。

終戦直後の混乱の中、奇妙な事件が相次いだ。中でも東京都豊島区の帝国銀行（当時）椎名町支店を狙った強盗殺人「帝銀事件」は、国鉄総裁が轢死した「下山事件」と列車転覆の「松川事件」と並んで「戦後三大事件」と呼ばれ、謎が語り伝えられてきた。

「帝銀」の犯人は二種類の液体を、自分で手本を見せてから飲ませている。毒物の扱いに慣れた人物とみられ、捜査も、細菌戦で有名な七三一部隊など、旧日本軍特殊部隊に集中した。しかし、連合国軍総司令部の圧力で方向転換。毒物には全く素人の画家・平沢貞通元死刑囚が逮捕された。

旧刑事訴訟法での裁判では、毒物の入手先などもあいまいなまま、取り調べ段階での自供と、持っていた大金を理由に有罪とされた。占領下で裏付け捜査も不十分だった。

「箇条書き」もダメ

「改行を入れる＝段落を作る」のは、文章を意味で切り分けること。内容をいくつかの塊のつながりとして意識し、整理していくことだ。文章を考えるうえで必要なプロセスであり、有効な文章訓練でもある。よほど専門的な論文以外、文章には適当に改行を入れて段落を作ることがどうしても必要だ。逆に、改行を頻繁に入れ、ほとんど箇条書きのようになった文章もたまにある。こちらも同様に、よほどのことがなければ避けるべきだ。適当に改行が入っている文章は、読みやすいだけでなく、内容も分かりやすい。四〇〇字詰めの原稿用紙に書く場合でも、最低一枚に一回は改行が欲しい。どこで改行すべきか判断に迷う文章もあるが、それを考えることが重要な文章訓練だといえる。

第五章　文章の決まりごととコツ

「文章読本」は役に立つか

「文章がうまく書けるようになりたい」

大学の文章実習の授業で最も多い学生の要望は常にこれだ。気持ちは分かる。「うまい文章」は「下手な文章」より読みやすく分かりやすいし、書き手の気持ちがより強く読み手に伝わる。文章を書くうえで「うまい文章」を目指すのは当然だ。自分史を書くに当たっても、「文章がうまく書けない」「文章は苦手」と感じている人は、年齢を問わず多いはず。原稿用紙やパソコンを前に「うまく書きたい」と思いながら「実際にどうやったらできるだろうか」と首をひねる人もいるだろう。

ただ、自分史を含めて、文章を書く人は年齢や経歴、素養、姿勢もバラバラ。そういう人たちを同じように「うまい文章」が書けるようにするには、何かマニュアルのようなものが必要になる。だが、そんなうまいマニュアルが実際に存在するだろうか。参考になるかと、作家らが書いた「文章読本」などを何冊も読んだ。しかし、多くが、小説や随筆、論文をテキストにレベルの高い文章技術を求めたり、就職活動の小論文を想定して文章を「パターン化」したり、自分で問題を作って自分で答える形式だったり……。もともと一定のレベル以上の文章能力を持っている人でなければ役に立たないと思われる内容。うなずける指摘はほとんどなかった。

「マニュアル」は部分的には有効で全否定できないが、それ自体がクセもので、「それさえ身に付ければ、うまい文章が書ける」気にさせる。しかし、実際にはそんなことはあり得ない。それは誰もが知っている。そもそも文章とは、マニュアルでどうにかなるものなのか。もし、そうだとすれば、文章とは一体何なのか——。

いろいろ考えて、私なりの結論にたどり着いた。どんな文章でも、書いた人が本当に思ったこと、考えたこと、感じたことなら、その文章には間違いなく、書いた人の人間像が反映される。「文章は人」という言葉は真理だ。そして突き詰めれば、文章を書くのは、取り上げた題材を通して「自分はどんな人間か」を表現すること。つまり、文章そのものが、広い意味で個人の自己表現といえる。

とすれば、人間一人一人感性が違うのだから、もし同じことを考えたり思ったりしても、それを文章にした場合、多少違って当然ということになる。「マニュアル」に従って書いても、人によって異なる文章になるはず。というより、そうならなければおかしい。

私が考えたことはこうだ。人間が何かについて思う。その思いがどんどん膨れ上がっていっぱいになり、やがて体から外にあふれ出す。芸術的な自己表現である音楽や美術などはそうだが、文章も同じなのではないか。文芸としての創作文に限らず、文章全体がそうあるべきではないか。その考えを進めていくと、文章の「うまい下手」は大きな問題ではなく、文章を決定づけるのは、その人間の「思いの強さ」ということになる。それを延長すれば、「最もいい文章」とは、自分の思いがこもった「自分にしか書けない文章」だという考えにたどり着く。特に自分史は、個人の過去の体験が中心であり、思いがこもった、その人にしか書けないものであることは間違いない。最初からいい文章になる条件を備えていることになる。

究極の文章はラブレター

では、文章はどう書けばいいのか。自分が思ったこと、感じたことを好きなように書けばいいのか。基本的にはその通りだと思う。自分史の「創始者」橋本義夫は、体験を踏まえた文章指導の大方針として「下手でもいい」を強調した。「まず書け。どんな下手でも、書かないよりは書いた方が上である。万人は万人の自己流の文でいい」と『だれもが書ける文章』で述べている。橋本に共鳴して「ふだん記」から自分史の活動をスタートさせた鈴木政子さんも『自分史』（日本エディタースクール出版部、一九八六年）で「上手に書かなければ、ということは忘れていただきたい。下手で結構」と述べている（実際は二人とも文章はうまい）。

私も立教大学の授業で「文章はうまい下手ではない」と繰り返した。だから、二人の意見に反対ではない。そこには多分に「運動論」的な意味合いがある。たぶん、橋本や鈴木さんの真意も同じだろう。初めて文章を書く人に「うまく書け」などと言えば、ハードルが高くなって、書けるものも書けなくなる。多少なりとも書くことに抵抗がある人にとって「下手でいい」は、気休めかもしれないが、ハードルを低くするための運動論としては正しい。

ただ、そこには別な問題がある。日記やメモのように、書くこと自体が目的で、自分しか読まない〝閉じた〟文章なら、下手でも、少々意味不明でもいいかもしれない。しかし、文章が自己表現だとすれば、そのほとんどに「人に伝えたい」気持ちが込められているはず。

つまり、ごく一部を除いて、文章は誰かに読まれることを想定して書くものであり、自分の思いを誰かに伝えることが書く目的になる。誰に読んでもらうかを想定し、その人に自分の思いを伝えたいと願いながらつづる。逆に言えば、読み手を想定して書くことが、書き手の思いが伝わる文章を書く「コツ」ということになる。そう考えると、あるべき究極の文章の形は手紙。中でもラブレターに限りなく近づく。

自分史の場合も同じだ。「現在の時点から過去をどう捉え、未来についてどう考えるのか」という自分の思いを一体誰に伝えたいのか。それがはっきり定まれば、「下手」だとしても、相手にとって読みやすい文章にする努力は不可欠になる。

堺利彦の文章術

数多い文章指導本の中で、参考になったわずかな例外が堺利彦の『文章速達法』だ。一〇〇年以上前の一九一五（大正四）年に実業之世界社から刊行された文章指南書。堺は明治から昭和にかけて活躍した社会主義者で、号は枯川《こせん》。新聞『万朝報《よろずちょうほう》』を舞台に、幸徳秋水、内村鑑三とともに日露戦争反対の論陣を張ったが、半面、名文家として知られた。内容は簡明で、現在もあらゆる文章を書くうえで参考になる。現代にそぐわない部分もあるので、私が要点をピックアップしてプリントを作り、大学の授業で配布していた（用字用語は原文のまま）。

1. 月並みの玄人の整頓した文章よりも、正直な素人の疵《きず》の多い文章の方が、はるかに味もあり、力もあり、光もある。

2. 作文の第一の要件は真実を語ること。うそを言わぬこと。自分の考えたこと、感じたこと、知っていることを、そのままに書き表すのが最もよき作文の方法である。

3．何か頭（腹）の中に詰まっているものをそのままにさらけだせば、それがすなわち文章になる。久しく腹（頭）の中に宿っていたものが、止むに止まれずして出てきたのでなくては本当でない。

4．ただ真実をいおう、ただ真実を書こうと、一心にそればかり勉めていれば、大体は同じような言葉を使い、同じような文字を使い、同じような語法句法を使っても、自然その間に自分の特色が現れて、その文章の全体において、またその一節一句の端々において、自分の考えなり、心持なり、意気込みなり、必ずアリアリと浮かび上がってくる。専門の文人がよく「個性の発揮」などというのも、すなわちそのことである。

5．文章はどうしてもまねではいけない。こしらえごとではいけない。真実ありのままでなくてはいけない。それでなくては決して十分に自分の心を人に伝えて、十分に人の心を動かすことはできない。

6．これから書こうと思うことの案を立てる（腹案）。書き表し方の工夫をする。考え方をまとめるとか、筋を立てるとか、思想を整頓するとかいうのが、みなそのことである。順序を正し、筋を立てることが、ありのままの真実を現すゆえんである。

7．文章を書くには気乗りが必要である。自然に気乗りのする時を待つか、あるいはよく寝るとか、散歩をするとか、旅行をするとか、場合相応の本を読むとか、外の仕事を片付けてしまうとか、その外色々の手段をもって、書くべき題目に対する気乗りを生ぜしめねばならぬ。インスピレーションが起るとか、感興が湧くとかいうのは、つまり気乗りのことである。

8. 文章を書くことは自分の心のうちにあるものを外に出すこと。外に出すのは無論人に伝えることを目的とするのである。されば外に出す工夫はすなわち人に伝える工夫でなければならぬ。

9. 本人には十分ハッキリ分かっていて、その真実を正直に表そうとは勉めるが、その出来た文章はどうも十分には人に分かりかねるというのがある。こういう人は、その腹案において大体の順序立ては必ず正しく出来ているに相違ないが、それを外に出す工夫が足りないか、あるいはただ出す工夫ばかりに凝って、人に伝える工夫が不足しているのである。

10. 文章の第二の要件はすなわち分かりやすく書くことである。

11. 一般向きには、仮に誰か一人の人物を選びだして、それを我が心のうちで相手に定めるがよろしい。

12. 分かりやすく書くためには明晰ということが必要になる。文章に篇を分ち、章を分ち、段を分ち、節を分ち、ないし句読を打ち、見出しを付けるのも、みな明晰のためである。

13. 文章を明晰にするには、第一、順序を正しくすること。第二、区分けを明らかにすることを必要とする。外に簡潔ということも必要である。簡潔はすなわち手短である。

14. 文章を簡潔にするには、まず無駄を省く。次には重複を避ける。次には要点を挙げる。要点を引き抜いて、それを挙げ、その他はすべて省略する。要点を挙げるとは、すなわち不要の点を省略するということである。

15. 題目により、相手によっては、随分丁寧に繰り返して説く必要もあり、なるべく親切に事細かに述べ立てる必要もある。委曲を尽くすというのはすなわちそのことである。

16. 文章の句を深く考えて直し改める（推敲）。

17. 肝心要なことは、真実である。まじめである。率直である。有りのままである。従ってただ一つの禁物は、虚偽である。上面のまねである。衒《てら》うことである。見えである。殊に最もいけないのは、下手の癖に巧みをすることである。素人の癖に色気をもつことである。

18. 文章は誰にでも書ける。心の真実を率直に大胆に表すことを勉めさえすれば、文章は必ず速やかに上達する。文章速達の秘訣はその外にない。しかし文章は一生の事業である。いつまで経っても卒業する時は決してない。

読み返してみても、文章の本質を捉えていて、私が言いたいことを一世紀も前にほぼ書き尽くしている。特に共感するのは「自分の考えたこと、感じたこと、知っていることを、そのままに書き表すのが最もよき作文の方法である」というところだ。「文章を書くには気乗りが必要」というのも面白い。

決まりごといろいろ

文章を書くのにはいろいろな決まりごとがある。原稿用紙の使い方から文法、用字用語まで。また、「こうしてはいけない」という禁止条項や注意事項、「こう書いた方がうまくいく」という〝秘訣〟もある。共同通信社が出している『記者ハンドブック』（第一三版、二〇一六年）の「記事の書き方」の中にも何点か指摘がある。

①主語と述語の関係をはっきりさせる。特に両者の照応、一方の脱落に注意する。
②主語と述語はなるべく近づける。1文中にいくつもの主語、述語を盛り込むと分かりにくい。なるべく2文、3文に分ける。
③修飾語はあまり長くしない。形容詞、副詞は、その係る言葉のすぐ前にもってくる。

④曖昧な表現、分析中断、思考放棄の表現（「ということで」、「いずれにしても」など）を避け、具体的で生き生きした表現を工夫する。

おおむね妥当な指摘だと思う。①の主語と述語の関係にピッタリ当てはまるわけではないが、次のような文章をどう考えるだろうか。

私は、煮物や煮つけ、煮しめの区別、日本では一つの食材を刺し身・煮る・焼く・干す・蒸す・揚げるなど、何種類もの調理の仕方で楽しむことができると説明した。

どこかヘンだ、と感じる人は多いだろう。この文章は「煮物や煮つけ、煮しめの区別」というフレーズと、「日本では一つの食材を刺し身・煮る・焼く・干す・蒸す・揚げるなど、何種類もの調理の仕方で楽しむことができる」のフレーズが並列的にあって、どちらも「（私は）説明した」という動詞に係っている。それを、きちんと整理していないところに問題がある。さらに、「煮る」「焼く」などの動詞と「刺し身」という名詞を一緒に並べているのも気になるし、「楽しむ」も、何を楽しむのかが、いまひとつはっきりしない。そうしたことを考えて、この文章を手直しすれば――。

私は、煮物と煮つけ、煮しめの区別を解説し、日本の料理では、一つの食材を刺身のように生で食べるほか、煮る・焼く・干す・蒸す・揚げるなど、何種類もの調理の仕方で楽しむことができる、と説明した。

場合によっては、一行目の「解説し、」を「解説。」と体言止めにしてもいいかもしれない。ついでに言えば、「説明」という語句を繰り返さない（ここでは、似た意味の「解説」を代わりに使っている）のも、文章を書くうえでは必要な配慮だ。

主語と述語の距離を近付ける

『記者ハンドブック』の②の「主語と述語の距離」を以下の文章で考えてみよう。

沖縄二紙の編集局長の「共同抗議声明」は弾圧の発想を示す「つぶせ」発言とともに、「米軍普天間基地はもともと田んぼの中にあった。基地の周りに行けば商売になるということで人が住みだした」という、強制的に地域の中心地に米軍基地が造られた歴史を全く無視した、デタラメの極みの誹謗中傷発言を問題にしている。

問題が多い文章だが、その原因は、文章が複雑に絡み合っていることだ。主語の「共同抗議声明」から、述語の「問題にしている」の間に文章が挟まり、距離が遠くなりすぎている。内容をこのまま表現しようとすれば、文章を二つに分けるしかないだろう。例えば次のように。

沖縄二紙の編集局長の「共同抗議声明」は、弾圧の発想を示す「つぶせ」発言とともに、誹謗中傷発言を問題にしている。「米軍普天間基地はもともと田んぼの中にあった。基地の周りに行けば商売になるということで人が住みだした」との発言はデタラメの極みの誹謗中傷で、強制的に地域の中心地に米軍基地が造られた歴史を全く無視していると主張している。

用字用語の問題点

大学の授業の課題で目を通した学生の文章は、（訓練されていないので当然だが）用字用語で問題があるものが数え切れない。主な点をまとめてみた。

1．同じ語句の繰り返しが目立つ。削るか言い換えを。繰り返しを避けるのを意識することから文章の訓練は始まる。特に多いのは「私」の濫用《らんよう》。

2．不要な語句が多い。「また」「そして」「それから」「それで」「まずは」「このように」「次いで」などの語句は、七〇～八〇％が、削っても文章の内容に影響がない。

3．難しい言葉や古めかしく堅苦しい表現は避ける。「ゆえに」「せずとも」……。特に「持つことにより」の「により」と、「映像が『YouTube』にて公開される」の「にて」が多い。それぞれ「持つことで」、「映像が『YouTube』で公開される」で十分。「～ため」も「～ので」に言い換える。例を挙げよう。

「聞き慣れた童謡さえ、間奏に〇〇さんのギターソロが流れることにより、場面の危機感や高揚感まで伝わってくるようで、楽しめるものになっている」。こんな文章も、手直しすればこうなる。

「聞き慣れた童謡も、間奏に〇〇さんのギターソロが流れると、場面の危機感や高揚感まで伝わってきて、聞き手は楽しめる」

4．過剰な表現、ありきたりな表現はできるだけ避ける。「興奮冷めやらぬ」「騒然となった」「成り行きが注目される」……。

5．最初に「～を述べる」「～を深読みする」などと「前置き」を書くのはほぼ一〇〇

％不要。「余計なお世話」で、読み手にいい印象を与えることはまずない。

6．社会に定着していない、一般的でないと思われる語句の初出時は「　」に入れるのが無難。「ＡＫＢ48」「ツイッター」「ライン（ＬＩＮＥ）」……。二回目から「　」は不要。「スマホ」は「なるべく使わない」とされていたが、現実に広く使われており、今や「公認」か。

7．歴史や戦争・軍隊に関する用語は、不正確ないし誤りが多い。資料などに当たることが必要。

8．不要な敬語が多すぎる（最近の若者の特徴）。「高齢の方」「お店のスタッフさん」「お話をいただいた」など。相手に敬意を表すのは気持ちとして分かるが、文章の読み手には全く関係がない。「高齢者」「店のスタッフ」「話を聞いた」で十分。

9．「言う」の意味が薄れた「～と言える」は「～といえる」に。「すべき」もよく見るが、正確に「すべきだ」とすべきだ。

10．「～たり」は「～たり」か「～など」で受ける。これも例が多い。「散歩をしたり食事をして」と何げなく書いてしまうが、正しくは「散歩をしたり食事をしたり」か「散歩をしたり食事をするなど」としなければならない。

11．「々」をマス目の右上などに小さく書く人がいる。小文字ではないので「人々」

「大々的に」などのように、中央に書く。

12. 細かい表記だが、「子供」は「子ども」に。最近、「子供の供は大人の従属物のようなイメージがある」などの理由で書き換えているようだ。

13. 「〜である」「〜であった」はなるべく減らす。「だった」「だ」とするか、カットする。これは私の趣味にすぎない。内容が乏しい文章の場合、文末が「である」「であった」だと、最後だけ断定的な印象が突出して違和感があるというだけだ。ただ、読み手の気持ちを考えれば、避けた方が無難だと思う。「あるのである」などは論外。

14. 「若き日の」「愛すべき」など、部分的に文語的表現を使う例がある。これも個人的な趣味だし、抵抗が少ないケースもあるが、ただ雰囲気だけで使うなら意味はない。できるだけ普通の口語体で通すべきではないか。

断っておかなければならないのは、用字用語は、小説などの文芸作品では基本的に決まりはない。しかし、新聞の場合は字数や行数に制限があるので、かなり厳格に決まっている。その内容は各社が出している文章読本や用字用語集にまとめられており、共同通信の『記者ハンドブック』もその一つだ。本書全体の用字用語はほぼそれに則している。業界でおおよその申し合わせをしているので、違いはほとんどない。自分史を書く場合も使うと便利だと思う。

語句の順番を入れ替える

私には、経験則から得た一つの確信がある。それは「文章の流れが悪ければ、語句の順番を入れ替えてみる」ということだ。例えば次の文章の場合——。

彼女は経済的に自立した生活を送っている。その彼女の恋人純一との共生の日々を、小説は描いている。

このままでも「その彼女の」の後に「、」を入れた方がいいし、次のようにすればもっとはっきりするはずだ。

彼女は経済的に自立した生活を送っている。小説は、恋人純一と彼女との共生の日々を描いている。

次の文章もこう改善できる。

理由は、高度経済成長路線の採用による、政策課題の政治から経済への移行だった。
↓
理由は、高度経済成長路線の採用による、政治から経済への政策課題の移行だった。

こうして語句を入れ替えれば、六〇〜七〇%の文章は読みやすくなるはずだ。最近の新聞は、見出しだけでなく、首をかしげるような文章表現が目立つ。例えば裁判の判決記事。「故人が赤いボールペンで全面に斜線を引いた遺言書は有効かが争われた訴訟で」というのは、本来は「有効かどうかが争われた」だろう。最近は省略してしまうケースが多いが、抵抗がある。「歌手〇〇を輩出した」という言葉遣いも新聞やテレビで見聞きするようになった。手元の辞書を見ると「有為の人物が続続と世に出ること」とある。つまり、複数以上の人物が出てくることを言うはずだが、最近は一人の場合でも使っている。ちょっと調べれば分かるはずだが……。残念ながら、最近の新聞にお手本になる文章はほとんどない。

原稿用紙の使い方にも簡単に触れておこう。これもはっきりした取り決めはないといっていいが、必要なのは「読む側にとって読みやすいように」という配慮だろう。文章に適宜改行を入れて段落を作るのも、一面ではそのためだ。ほかにも①一行の最後に「。」

や「、」がきたら、次の行に持っていかず、欄外に書く、②削除・挿入・差し替えは編集のセオリーにのっとって分かりやすく、③年齢などの洋数字は、ひとケタとふたケタの場合は一マスに入れる。三ケタ以上は一マス一字で、④「?」や「!」の後は原則一字空ける（文末や次がカギカッコの閉じなら空きは不要）——といったことは全て、文章を少しでも読みやすくするための心配りといっていい。一つの文章の中では表記の仕方や用字用語を統一すべきだ。バラバラだと読み手に不親切なことは間違いない。

もがかなければ書けない!

現役の記者だったころ、企画記事など、長めの原稿を徹夜で書くことも多かった。昔はパソコンはもちろんワープロもなく、ザラ紙の原稿用紙にボールペンで書いては直し、書いては直した。うまく進まないと、書きかけを丸めて部屋の壁に投げ付けた。明け方に気が付くと、壁際に丸めた原稿用紙の反故が山を作っていた。書き終わった後も、締め切り時間ギリギリまで、「この流れでいいのか」「もっと適当な言葉は?」などと、「てにをは」に至るまで、頭をひねって手直しした。「文章とは何か」などと考えたことは一度もなかったが、自分ほど、文章について具体的に考え、悩み、迷った人間はいないのではないか、という自負心が心の奥にあった。

そんな私から見ると、あまり経験主義になってはいけないと自戒しながらも、文章とは、ギリギリまでもがいてもがいてひねり出すものだという感覚が強い。学生にも「もがかなければ人に思いが伝わる文章は書けないのではないかと思う」と話した。別の言い方をすれば、文章の添削で私が最も多く指摘するのは、「文章を書くのに、神経の使い方が足りない」だ。誤字脱字から始まって、語句の繰り返し、不要・過剰・不正確な語句の使用、工夫のない表現や展開など、「もう少し神経を使って書いてほしい」と感じる文章が多い。

書き慣れない人にとって、文章をうまく書くには時間が要る。しかし、うまくなくても、書き手の思いが読み手に伝わる文章はあり得る。そうした文章を書くためには、ぎりぎりまで自分の頭を絞らなければならない。文章を、自分の思ったまま好きなように書いてうまくまとめられる人は天才以外にない。私も含めた「凡人」は決まりごとに沿って、文章や語句に細かい神経を使う必要がある。文章を書くことを軽く考えず、例えば、文中に登場する「スマホ」という語句の数を一つでも減らそうと考えるだけで文章は違ってくるはずだ。第四章で「文章は排泄物のようなものだ」と書いた。それは、文章とは自己表現であり、自分をさらけ出すもの、ということを意味している。逆に言えば、わずかでも自分をさらけ出さない文章が、果たして読み手の心に届くだろうか。そんな根本的な疑問が私には根強くある。

第六章　あれも自分史？　これも自分史？

同じ被災地でも意識の違い

「震災と関係のない、昔の子どものころの話でもいい。まず、語るのを聞こうということで自分史の取り組みを始めたんです」

福島県南相馬市で「心の復興活動」を続けている市民グループ「まなびあい南相馬」代表の高橋美加子さんは言う。二〇一七年三月、『聞き書き選書1』として『語り継ぐ、ふるさと南相馬――忘れちゃいけない、あのまち、この道、わたしの家』という冊子を発行。関心のある人にと二〇〇部刷ったところ、地元紙で紹介されて「欲しい」という要望が相次ぎ、二〇〇部増刷した。

内容は、大正末から昭和の初めに生まれた市内在住の夫婦を含む九人による懐古談が中心。子どものころの遊びから食べ物、住んでいた街のこと、戦争が近づき、やがて空襲、疎開児童の受け入れなど、戦前、戦後の地域と学校、家族などの思い出が語られている。

南相馬市は、国の重要無形民俗文化財の伝統行事「相馬野馬追《のまおい》」で知られる。二〇一一年三月一一日に起きた東日本大震災の大津波と、東京電力福島第一原子力発電所の壊滅で、市を構成する三つの地区のうち、南側の小高区の全域が原発から二〇キロ圏内に入り、住民は避難を余儀なくされた。中央部の原町区にも当初、避難指示が出されたが、その後、大半は屋内避難地区に。北側の鹿島区には何の指示も出なかった。小高区は二〇一六年七月に避難指示が解除されたが、一年後でも帰還率は二〇％ちょっと。歴史と文化が豊かで作家埴谷雄高や島尾敏雄のルーツとされる街だが、高橋さんの案内で訪れたJR常磐線小高駅前は、金曜日の夕方でも人通りがなく、開いている店舗もほとんどなかった。

三つの地区はもともと別々の市町。二〇〇六年に「平成の大合併」で一緒になったが、歴史や文化、産業など、風土はそれぞれ異なっている。そこに震災で置かれた条件の違いが重なった。「自分で『帰ろう』と決めて戻って来たお年寄りたちも、自分の住む地域のアイデンティティーをどう取り戻すか、思い悩んでいた」と高橋さん。そのうち、「あの家は原発事故の補償金で何千万円入った」などのうわさ話が飛び交うようになった。「金をいくらもらっても、失ったものの大きさはそんなもんじゃない。人生を一瞬のうちに壊され、有無を言わせず避難させられた。一週間で戻れると思って行った人ばかり。でも、そんな話が出るくらい、被災者の間でも意識の違いがあるのは事実」

自分史が被災者をつなぐ触媒に

震災から七年以上たったが、「三つの地区はいろんな意味で格差がはっきりしていて、住民の意識と行政の乖離《かいり》もひどい。行政も頭を悩ませていた」。そう話す高橋さんは、原町区に本社がある「北洋舎クリーニング」の代表取締役。震災直後は仙台に避難したが、「お客さんから預かった洗濯物が心配で」一週間で戻った。会社のホームページに「南相馬からの便り」を連載。「これは自然災害ではなく人災。南相馬に来て、この現実を知って」と訴え続け、メディアにも取り上げられて大きな反響を呼んだ。

その後、ハード面での復興が加速するのと逆に、「被災住民の心が萎縮している」ことに危機感を抱いた。「心の復興に力を入れよう」と二〇一六年一月、仲間と「まなびあい南相馬」を結成。母親と子ども向けのワークショップなどとともに、自分史を積み重ねて地域史を作り上げる「自分史×地域史」事業を始めた。お年寄りに昔の話を聞いて元気になってもらおうという狙いからで、復興庁の「心の復興」助成事業にもなった。二〇一六年七月には一般社団法人「自分史活用推進協議会」の協力で「聞き書きリーダー養成講座」を開いたところ、四〇人が参加。その後、小高区の改装した古い蔵でスライドや写真を見ながら昔話を楽しむ会などを開き、仲間らと聞き書きを続けてきた。

「九三歳の男性に『聞き書きをしに行きたい』と連絡したら、自分で軍隊時代のことを中心に手記を書いて、ファクスで送ってきた。最近亡くなったが、『書いたことで胸のつかえが下りた』と話していた」と高橋さんは語る。地元在住の詩人・中西丈太郎氏は、聞き書きに刺激されて二〇一七年七月に新しい詩集を出版した。高橋さんは「ほかにも、私たちが昔の話を聞いたら元気になった人や、話をしているうちに、昔使っていた鳥を捕る道具を作った人もいた。そうした現象がいくつも起こっている。聞き書きによる自分史が、被災者の意識に化学反応を起こして活性化させる触媒のようになっているのをありありと感じる」と言う。

高橋美加子さん

南相馬市内には、海岸周辺を中心に建築が制限された災害危険区域が多く残る。地元の人同士では、今も震災の話をすることはほとんどないという。「忘れたわけではなく、自分たちにとって、いまだに震災が非日常の出来事にはなっていないから」。そう話す高橋さんの周囲にも、家業を抱えながら避難を余儀なくされ、絶望して自殺した人がいる。「被災者はみんな、周りに誰かそういう人を抱えている」。高橋さんは「震災は戦争と同じく不条理。国によって国民が理不尽な目に遭う」と言い切る。二〇一八年三月には『聞き書き選書２』を刊行した。「今後も聞き書きを続けたい。あとは、震災の記憶を自分史とどう結び付けるかが課題です」

「話をとことん聴く」

二万五〇〇〇人近くの死傷者・行方不明者を出し、今も多くの避難者がいる東日本大震災。自分史とうたわれてはいないが、被災者から話を聞き取る取り組みは早くから行われた。発生から五カ月後の二〇一一年八月には、ボランティア団体の呼び掛けで「聞き書きプロジェクト」がスタート。仙台市や首都圏の会社員や主婦、若者らが高齢の被災者の自宅などを訪問し、「話をとことん『聴く』」ことを基本姿勢に、生い立ちや日常生活、戦争体験などの聞き取りを続けた。まとめた内容は冊子にし、手渡された被災者からは「津波で全てを失ったが『生きた証』が出来た」と、好評だった。内容の一部はアーカイブ化されてネットに上がっている。

二〇一二年九月には、東京財団と、作家・塩野米松氏が理事長を務めるNPO法人「共存の森ネットワーク」が『被災地の聞き書き１０１』を出版した。大学生らが震災四カ月後の二〇一一年七月から、岩手県と宮城県の計四市町の住民一〇一人に聞き取り。中には親族を亡くすなど、震災当時の生々しい体験を証言した被災者もいた。

被災者の多くが悲しい記憶について心情を語るにはなお時間が必要だろう。大災害で自分史が精神的な復興にどんな役割を果たせるかは、もう少し見ていくしかない。ただ、南相馬市などの例は一つの可能性を示している。さらに、「自分史は未来のためにある」ことを示す動きは、ごく普通の日常の取り組みにも見られる。

最も素朴な自分史サークル

千葉県佐倉市に「佐倉自分史の会」がある。同市の志津公民館が主催した自分史講座の参加者が中心になって一九九〇年に発足。月に一回、第二木曜日に同公民館に集まる。会員は男女半々の計約二〇人。平均年齢は約八〇歳という。各自が書いてきた七二〇〇字前後のエッセーを、それぞれがコンビニで人数分プラス公民館などへの配布分だけコピー。合冊して会報『佐倉自分史』を作っている。多くの自分史サークルの会合や機関誌発行が年に数回程度なのに比べ、会報は月刊ペースで、二〇一五年には会の二五周年と通算三〇〇号を記念した別冊を刊行。地道な活動を続け、二〇一九年には三五〇号に達する。自分史の取り組みでも最も素朴な形といえるかもしれない。

「会員の書く動機は二通り。男性は定年退職後、過ごしてきた自分の歴史を孫や子に書き残しておきたいという回顧的な思いから。それに対して女性は、子育てが終わって、自分を見つめ直してみるという意識が強い」と前会長の中村克巳氏。会員歴は二四年になる。

現会長の高橋正雄氏は会に入って一五年目。「昔から書くことが好きだったが、会で書いた文章は一五〇本を超えた」

しかし、二人は「会がやっていることを自分史だと思ったことはない。実際、今までに何回も『自分史の会』の名称を変えようと検討した」と言う。「みんな『書くような大層な自分史は持っていない』と考えているはず。そもそも、自分史に限定していたら、会報は数回で終わっているし、会員のほとんどがすぐやめていたと思う」と口をそろえる。

確かに『二十五周年記念誌』を見ても、会の足どりをたどった記念誌らしい文章以外は、東京大空襲の体験などを書いた「戦争の悲惨を語り継ぐ」があると思えば、使っていなかった薬缶《やかん》を通して思い出をつづった「大きな薬缶」や、高校時代の恩師との交流を振り返った「人間国宝になった増田先生」があるなど、内容は多彩というか雑多。旅行記も多い。記念号など特別な時を除けば、会員の書く文章は日常の出来事を取り上げたエッセーが多いという。

「肩肘張らずに親しい仲間と一緒にやるのがいい。書いているものにはその人の人格が出るし……。それが楽しい。メンバーには『いいところだけ書いているのでは人間は伝わらない。失敗談などの方が読み手は魅力を感じる』と言っている」と高橋氏。会の名称と違って、日常的には特に自分史を意識しない活動だが、全国に数ある自分史サークルの大半もほぼ同じような状況だと思われる（中村氏は二〇一八年三月死去した）。

全国唯一の自治体自分史センター

愛知県春日井市役所の隣の「文化フォーラム春日井」の二階に「日本自分史センター」がある。同市は平安時代の書家として有名な小野道風の出身地とされ、「書のまち」として知られる。それにちなんで、「書くことにまつわる何かで街おこしを」と、一九九九年の同フォーラム開館と同時に同センターが開設された。「公益財団法人かすがい市民文化財団」が運営する全国唯一の自治体による自分史の組織。事業のスローガンは「読む」「書く」「残す」だという。

「年に三～四回、自分史講座を開いているほか、週二回、相談員が自分史の相談に対応。短編の『掌編自分史』を全国から募集し、まとめて出版もしています」と同財団スタッフ。年一回、イベント「自分史フェスタ」を開催しているほか、併設の「自分史図書館」には、寄贈などで全国から集めた自分史本が約八〇〇〇冊、分類・整理されて保存されている。「研究のために訪れる研究者や大学生も多い」という。講座を受講した人たちでつくる自分史サークルも八つを数え、介護施設で高齢者の自分史の聞き書きを続けているグループもある。

「自分史講座は一回の参加者募集が二〇人。一〇回構成であれば、文章の添削までやるが、それより少なければ文章技術まで」と専任講師の安藤錦風氏。「以前はすぐ定員が埋まった。最近は波があり、自分史という名前ではなかなか人が集まらなくなった」と漏らす。こうした講座を受ける人は人口の〇・三％程度といわれ、同市のような人口三〇万都市でも約九〇〇人。「数年でその数に到達してしまったのではないか」。講座受講者で本を出した人は全体の一％に満たない。一方で、「エンディングノート（死を前に自分の希望を書き留めておくもの）」をテーマに講座を開いたところ、三〇人募集に七〇～八〇人が応募してきた。遺言や相続の問題も取り上げ、司法書士や税理士ら専門家も呼んだ。「東日本大震災以降、死が身近な存在に感じられるようになったのかもしれない」と安藤氏は言う。

二〇一七年二月の「第一八回自分史フェスタ」では、「就活から終活へ」と題して、「自分史を認知症予防に！」という医師の特別講演と、就職活動で大学生らが企業に提出する「エントリーシート」を取り上げた講座などが行われた。

高齢者福祉の現場で

高齢者福祉の分野で生活史を聞き取る取り組みもかなり前からある。中野卓・小平朱美『老人福祉とライフヒストリー』（未来社、一九八一年）は、千葉大学人文学部で社会学を専攻した小平さんと指導教官だった中野氏（故人）の共著。小平さんは一九七九年、在宅の独り暮らしと養護老人ホームに入居している六五歳以上の男女計二〇人に社会調査の手法で聞き書きし、要約して卒業論文にまとめた。それぞれの高齢者の生活史を丹念に聞き取ったうえ、内容を類型化。「高齢者は他人に依存してはいない」「『（老人）ホームへの適応』から『老人たちへのホームの適合』へと視点を変えるべきだ」「独居を望む者には、それを維持、達成するのに必要な能力を欠いている分だけ、福祉政策が援助すべきなのではなかろうか」などと主張した。優れて先駆的な研究で、「社会学教官がこぞって最高の評価を与えた」（同書「はじめに」）という。

一九八八年出版の一番ヶ瀬康子・古林佐知子『「老人福祉」とは何か』（ミネルヴァ書房）も、介護対象者を捉える視点として生活史の重要性を指摘している。「個人の生活の歴史、社会や地域の歴史があやのように織りなされ、一人の生活をかたちづくり、生活を支えていることに注目する必要がある」。認知症の予防、抑制では、「回想法」が一九六〇年代にアメリカで始まり、日本の病院や施設でも「思い出療法」として一部で普及した。数人が集まり、子どものころに遊んだり使ったりしたおもちゃや生活用品を手にして過去の記憶を呼び起こす心理療法。

最近では二〇一二年に『驚きの介護民俗学』（医学書院）が出版されている。著者の六《む》車《ぐるま》由実さんは民俗学の元大学准教授。特別養護老人ホームの介護職員に転身し、「介護現場は民俗学にとってとても魅力的な場所」（同書「はじめに」）として、入所者から聞き書きした内容と介護の実態をつづっている。

また、高齢者医療に携わる富山県の医師や看護師の間で、患者や家族に「言葉」を使って「伝える」「語る」という意味の「ナラティブ（物語）」を重視した取り組みが始まっている。患者の生活史を聞き書きして「ナラティブアルバム」と名付けた写真集を作るなどして活動を広げ、二〇〇八年には「ナラティブホーム」という組織を設立した。診療所と終末期患者住宅などを運営。リーダーの佐藤伸彦医師が二〇一五年、活動内容を『ナラティブホームの物語』（医学書院）にまとめた。

しかし、こうした視点や動きはそれぞれの分野にとどまっており、相互の連関、連携はほとんどない。さらに、これらは全て聞き書きによる記録。自分で書くことが前提の自分史の世界とは明確に距離があるのが実情で、自分史を意識することはあまりないように思われる。

自分史をめぐるアイデア競争

「ふだん記」運動の創始者、橋本義夫の長男鋼二氏は、八王子市で妻の緑さんと「ふだん記雲の碑」を運営している。執筆者名簿には一〇〇人以上が名前を連ねる。戦後七〇年の二〇一五年に出した第三七号は、巻頭に「平和の巡礼者」という一九八一年の橋本の文章を置き、特集「昭和」などに、延べ一三〇人余りが文章を寄せている。橋本ゆかりの八王子市の出版社「揺籃社」も、『誰でも作れる自分史』（一九八九年初版）で「ふだん記」運動を紹介しながら自分史の手ほどきをし、現在も自費出版を支援。橋本の遺志を継いだ「ふだん記」グループは全国一八団体が活動を続けている。

第二次ブームが起きた一九八〇年代中ごろ以降、自分史を巡る動きは全国に広がった。釋七月子さんの『自己表現としての自分史』は、その要因として①ワープロが登場した、②出版社が自費出版の受け皿となるシステムを確立した、③自治体の生涯学習や公民館、図書館での講座・セミナー、高齢者関連の講座、大学のシニアスクールなど、自分史作りの支援態勢が整った、④自費出版図書館、自分史図書館が開設された――ことを挙げている。同書は、春日井市の自分史図書館の利用状況や自分史本の分類、自分史相談の状況なども載せている。

私は二〇一六年に「自分史活用アドバイザー」になった。二〇一〇年に設立された一般社団法人「自分史活用推進協議会」が認定している肩書で、「自分史の魅力や活用法を広く普及していける人」という位置付け。登録者は全国に約四〇〇人。同協議会は毎年「自分史フェスティバル」を開催。セミナーなどを通してアドバイザーの養成や自分史の普及活動を続けている。

自分史を巡っては、新しいアプローチが次々紹介され、「アイデア競争」の様相を呈している。これまであった「自分史年表」「ライフライン」「ライフチャート」「ライフヒストリーマップ（思い出地図）」に加えて、一枚の写真で自分史を語らせる「一枚の自分史」、テレビ番組の人気から関心が高まった「家系図作り」、「自分史絵葉書」……。一方、全国紙や地方紙、大手出版社が自分史講座を開くなどして、文章指導から本や冊子の作製までアドバイス。一面では、自分史は日本の社会に根付き、根を張ったともいえそうだ。

行き過ぎたビジネスも

そうした流れを見続けてきたのが自分史研究家、吉澤輝夫氏。編集を担当した『現代のエスプリ』一九九五年九月号の「自分史」特集号で、自分史を取り巻く動きを「自分史文化」と名付け、自分でまとめた「自分史文化年表」を載せている。

吉澤氏が自分史と関わりを持つようになったのは一九七九年ごろ。電話帳広告の仕事をしている時だった。知り合いの紹介で一人の若者が来て原稿を差し出し、「本にならないだろうか」と聞いた。茨城県から集団就職で上京したが、方言が抜けないことから職場でバカにされ、「クニに帰る」と言う。「東京で生きた証に、言いたいことを記録して残したい。それでないと生きてきたかいがない」と話した。吉澤さんはちょっと読んで「砂漠の砂のひとりごと」とタイトルを付け、タイプ印刷で薄い本を一〇〇部作って渡した。それは新聞のニュースにもなった。

そのことをきっかけに知人と出版社を立ち上げ、自分史の自費出版に企画から協力。自分史を中心にこれまで七〇冊近くを出版した。その後は、複数の大学や自治体の生涯学習センターで自分史作りを指導。自分史サークルの主宰も続けている。

そんな吉澤氏には、現在の自分史を取り巻く状況にいささか異論があるという。「私が見るところ、マイペースで自分史作りを楽しみ、自己実現を果たしたいと思っている人々のことを誠意を持って考え、励まし、支えているかどうか疑問だ。自分史商売そのものになっているのではないか」。吉澤氏は「今の状態は、自分史知らずの自分史語り」とまで指摘し、警鐘を鳴らす。実際に、自分史作りを名目に金を集めた会社が倒産したというケースもあるという。『家系図作りの経費に一二〇万円かかるらしい』という話も聞いた」。一部に行き過ぎた「自分史ビジネス」が存在しているのは確かなようだ。

釋七月子さんは、自分史研究の傍ら、最近、台湾での自分史活動にも携わっている。「まだまだこれからだが、自分史の面から見れば宝庫」。そう言う釋さんも最近の日本の状況を踏まえて「自分史を元に戻したい」と漏らす。「私の最終目標は、自分史が何らかの分野に従属する対象や研究のための資料としてではなく、新たな一つの分野として確立するのを目指すこと。最近は、自分史をツールとして使おうと考えている人が多いように感じる。それはそれで、自分史の普及に役立っているが、このままでは、自分史は少し違う方向に向かってしまうのではないかと危惧しています」と釋さん。「『色川自分史』をもう一度確認する必要がある。自分史の核心は歴史と切り結ぶ主体性。『自分と社会・歴史との接点を記述しなくては自分史たり得ない』という色川大吉さんの考え方を外してしまったら、自分史とはいえないのではないでしょうか」

第七章　介護の世界での取り組み

「看取り」における自分史

「介護する相手がどう生きてきたかを知らなければ本当の介護はできない」――。

「エイジング・サポート」代表取締役の小川利久氏の話を聞いたのは二〇一六年一二月。一般社団法人「自分史活用推進協議会」が主催した「自分史フェスティバルin渋谷」の「介護を支える自分史」と題したセミナーでだった。会場には何人もの看護師らが詰め掛けて聞き入った。「認知症にもいろいろな症状がある。そのケアで重要なのは『その人がこれまでどう生きてきたか』を知ること。それに対し、看取《みと》り援助は『これからどう生き切りたいか』をつかむ。その二つの分野で自分史が活用できる。命をつなぐ、記憶をつなぐ介護がキャッチフレーズ」と小川氏は語った。

自分史は高齢者が半生を振り返るイメージが強いが、さらに踏み込んで「介護する」「介護を受ける」世界に「自分史」を取り入れようという新しい動きが始まりつつある。

「看取り」とは近い将来、死が避けられないとされた人に対し、身体的苦痛や精神的苦痛を緩和・軽減するとともに、人生の最期まで尊厳ある生活を支援すること。二〇〇六年四月の介護報酬改定で「看取り介護加算」が創設された。治療は限定的に認めるが、病院に行かないことが前提。「最後のステージで人生を生き切るためにあるのが看取り援助」と小川氏。これまで三〇〇人以上の死を看取ってきた。その中での実例を准看護師の小林悦子さんと共著の『いのちをつなぐ看取り援助』（エイデル研究所、二〇一三年）で紹介。特別養護老人ホーム（特養）で看取り援助を受け入れた高齢者らが、特養を人生の最後まで生活する場として理解し、家族の支援も受けつつ、誇りを持って人生を生きた姿を取り上げている。

小川氏は、大手ゼネコンで老人ホームやシニア住宅の事業企画などを担当したことから介護の世界へ。建築家の外山義・元京都大学教授（故人）がスウェーデン留学から持ち帰って、特養でのユニットケアやグループホームの創設に結び付けた、高齢者ケアと住環境についての研究に強い影響を受けた。同教授を囲んで勉強会を開くなど、介護と住環境の在り方を模索。特養の施設長なども務め、現在は福祉介護関連の支援事業をしている。

「介護の世界でも死はタブーだったが、映画『おくりびと』に学ぶところが多かった。看取り援助は、本人の死を家族に理解させる、死の準備教育と言ってもいい」。小川氏は「実際にきちんとした看取り援助を実施している特養は全体の一〇～二〇％だが、そこでは今後、自分史的取り組みが個別ケアを支える大きな力になる」と主張する。

「これまでだと、特養に新たな入所者があった場合、スタッフが関心を持つのは『要介護度がいくつか』という心身の機能の面がほとんど。『要介護3だからこれは自分でできる。

これは介助が必要』と、本人の日常生活に当てはめて考える。でも、それだけでいいんだろうかという疑問が大きかった」。小川氏は、入所者が新しい環境になじんでくれるように、その人の人生を徹底的に調べ上げることが必要だと強調する。それを「生活史」と呼んでいる。

新しい入所者があると、スタッフに「それまで住んでいた家を見てこい」と言う。住んでいた部屋の写真を撮り、間取りを描かせ、最終的には、可能な限り、本人が使っていた椅子を特養に持ってこさせる。全ては「過去を否定しては今を生きていけない」と考えるからだ。小川氏が目指すのは「全人的ケア」。そこでは介護スタッフは「生活援助員」、看護師は「生活看護師」と呼ばれる。

デイサービスの差別化にも

介護の問題とは離れるが、私には小川氏の話に思い当たることがあった。かなり前、取材で東京・山谷の路上生活者の夜間パトロール活動に同行したことがある。真冬に商店街や公園で野宿している人に「先輩」と声を掛け、毛布を貸したり、食べ物や飲み物を渡したりした。明け方に近いころ、公園の片隅で寝ていた中年の男性のところに行った。荷物もほとんど持っていない、彼の左手の薬指にはダイヤの指輪。死んだ妻の形見だという。

「何もかも売っちゃったけど、これだけは手放せなくて……」

その言葉を聞いた時、「路上生活者」「ホームレス」とひっくるめて呼ばれる彼ら彼女らにも一人一人、ちゃんとした固有名詞があり、これまで生きてきた歴史があることに気付いた。介護の世界でも、そうした点に目を向けていけば、行政や民間団体の意識や対応も変わってくるのではないか。

小川氏の介護観に共鳴し、事業支援を受けている施設が、東京都板橋区の特養「音羽台レジデンス」と、同系列の「西台高齢者在宅サービスセンター」だ。二つの施設では、サービスの一環として自分史の導入を検討し始めている。区のデイサービスも請け負っている西台センターの管理者の長谷川貴之氏によれば、最近のデイサービスは企画やサービスの内容によって利用者の人気にはっきり差がつき、中には定員割れしている所もあるという。『あそこのデイサービスには自分史がある』というふうに差別化できれば」と長谷川氏は本音を漏らす。

自分史は本来、自分で書くことが基本とされる。認知症の予防や治療効果を考えれば、介護分野での自分史もそうあるのが望ましいと私も思う。しかし、介護を受ける側が自分で書くことは、条件がかなり厳しい。誰かが聞き書きするのが現実的だ。小川氏や長谷川氏の要望もあり、同センターの利用者のうち、「自分史をやってもいい」という人の聞き書きをテスト的に私がやってみることになった。私は社会部記者から編集委員を務めた期間、インタビューも数多くこなした。聞き書きは慣れているし、近現代史への関心も強い方だから、こうした作業にある程度自信もある。

昭和初年のデパートガール

インタビューした人は一九一七（大正六）年一〇月生まれで取材当時九九歳の女性。東京・浅草生まれで、松屋百貨店でデパートガールをしていたという駒井秀子さんだ。会ってみると、頭脳明晰で記憶もほぼ正確。二回計約四時間にわたってインタビューした。ところどころで資料を基に作った【メモ】を入れてまとめたのが次の文章だ。

浅草、板橋、そして今——白寿に思う

駒井秀子

大正六年一〇月三〇日に東京・浅草で生まれました。当時の住所でいえば浅草区浅草一丁目一番地。父母と姉との四人暮らしで、父は今ならブローチのような装飾品を作る飾り職人の親方をしていました。一軒家で住み込みの「小僧さん」約三〇人を使

い、「女中さん」も二人いました。家の中はいつも人の出入りが多く、にぎやかでした。あの時代は、盆や正月ぐらいにしか給料をあげなかったようで、そのころになると、私が「○○どん」「○○どん」と「小僧さん」の名前を呼び、順番に来ると、父が着物と小遣いと新しい鳥打ち帽を渡していました。少し上の「小僧さん」になると、帽子も違っていました。私はみんなから「おひいさま」と呼ばれていました。といっても「お姫さま」の意味ではなかったと思います。母に「どうしてそう呼ばれるのかしら？」と聞くと「名前が秀子だからよ」と言われました。

▽震災から田舎暮らし

小学校に入る前の大正一二（一九二三）年九月一日、関東大震災が起きました。ひどく揺れて、とても怖かったのを覚えています。二日目に家が焼け、父と姉と上野の山に逃げました。そのころ、もう母は父と別れて家を出ていました。浅草一帯は全部焼けたようです。東京名所だった十二階（凌雲閣）が真っ二つに折れたのを見ました。父はバラックを建てて仕事を続けましたが、それからどう話が進んだのか、私は栃木県下都賀郡赤津村（現栃木市）にある母方の叔父（母の弟）の家に預けられました。東武日光線栃木駅からバスで行った所。冬は、雪は少ないけれど霜が深く、とても寒かった。叔父の家は中ぐらいの農家だったと思います。私と近い年齢の子どもが三人おり、私のことも実の子ども同様にかわいがってくれました。農作業を手伝わされることはありませんでしたが、農家だから、甘えることはできません。私は母にも甘えたことがありません。甘えを一切知らない人間です。母と離れてつらいとは思いませんでした。

地元の小学校に入ったのは、数えで八歳の大正一三（一九二四）年。当時は「八つ上がり」と言いました。周りに小さな山があり、自然が豊かで、遠くに日光連山が見える。いとこたちと山野を駆けずり回って遊んでいました。食べる物など売っていないから、グミや柿を取って食べるなど、毎日が楽しくて楽しくて……。ホームシックになったり、母が恋しくなったりすることはありませんでした。

▽暮らしは貧しく

小学校三年まで栃木にいましたが、母は「何とかなる」と考えたのでしょうか、引き取られて、二人でまた浅草で暮らし始めました。田中町という所にしばらくいた後、浅草区橋場にあったしもた屋の二階へ。六畳一間の間借りでした。母は近くの三業地にある待合で仲居のようなことをしていました。私は今もある石浜小学校の四年生に転入。転校生と言われても平気だったし、いじめられた記憶もあまりありません。成績が良かったせいでしょう。得意な科目は国語。算数はダメでしたね。体育、裁縫は普通でした。

母との暮らしは貧乏でした。近くの花川戸は下駄屋が多かったのですが、家ではその鼻緒の内職をしていました。足の指を入れる「ツボ」と呼ばれる部分に、下駄を通すヒモを縫い付ける「ツボ縫い」という作業。毎日、学校から帰ると、母と一緒に一足一足、手で縫いました。だから、私は遊んだことがありません。夕方になると、母は仕事に出掛けて行きました。寂しかった。帰ってくるのは、いつも私が寝た後。出来上がった鼻緒を一〇足ずつ束にして、母か私が問屋に納めている仲卸に持って行きました。一〇足でいくらだったか……。それで安い「三等米」を買いました。「一等米」に比べてつき方が足りないので、母が米を一升瓶に入れてつくことも。おかずは朝はおみおつけ（味噌汁）とおこうこ（新香）、昼は佃煮や煮た物、夜はその残り物か、ちょっと買ってくる。たまに、五銭でふかしイモ二本を買ってきて食べるのがごちそうでした。当時の食べ物はあまりおいしくありませんでしたが、母は自分の食べる物が足りないのに、子どもを先にして、自分は我慢していたようでした。

▽「女も勉強を」

小学校を卒業した後、近くの玉姫町にあった「聖徳女学校」の四年制の夜学に通いました。皇后陛下が建てた学校ということでした。私の家のような生活程度だと、小学校を終えれば奉公に出されるのが当たり前。でも、九三歳まで生きた母は、頭がよくてしっかり者でしたから、「絶対、そのまま奉公に出してはいけない。将来のために、女も勉強しなければ」と考え、貧乏な中でも行かせてくれたのでしょう。学校に行く途中、玉姫公園を通ると、職のない男の人たちが日当たりのいい通りでとぐろを巻いており、一斗缶で火をたいて暖を取っていました。

学校ではいろいろな科目がありましたが、もう敵性語として英語はＡＢＣ程度しか教えてもらえませんでした。この学校でも成績は良く、五〇人中一〇番以内には入っていました。でも、私は気が小さくて、同級生に印刷物を渡す時も「〇〇さん」と大きな声を出すのが苦手。意気地のない生徒でした。家で内職があるので遊んでいる暇がなく、友達はいませんでした。昼間は母と内職をし、夕方、それぞれ出掛けるのですが、いつも私の方が帰りが早く、一人でいるのが寂しかった。

▽花形「ショップガール」に

卒業するころ、飯田橋の職業紹介所に松屋百貨店（デパート）の従業員募集の案内広告が出ました。盆暮れに人手が足りないというのが理由だったと思います。採用試験の会場は日比谷公園で、行ってみると、公園に入り切れないほどの長蛇の列。当時、百貨店で働く女性は「ショップガール」と呼ばれる花形の職業で、若い女性にはあこがれの的でしたから。運よく採用され、浅草店五階の呉服売り場に配属されました。

当時の松屋では、国鉄上野駅の「お下がりください」というアナウンスまで聞こえました。屋上には遊園地があり、ゴンドラのような「飛行艇」もありました。鶴が飼われていて、「カー」とか何とか、鶴の一声で客の人気を集めていました。七階には豆汽車もありました。二階が東武電車のホームで、そこから電車が出ていくのが見えました。

【メモ】松屋は明治の初めに横浜で創業した呉服店の流れを汲むデパート。現在、東京都内には銀座、浅草の二店がある。浅草店は一九三一（昭和六）年、東武鉄道浅草雷門駅（現浅草駅）ビルのテナントとして開業。近鉄宇治山田駅なども手掛けた建築家・久野節の設計で、昭和初期を代表するアール・デコ調の近代建築だった。駅と店舗が一体になった形式もユニークで、日本初の屋上遊園地があった。電車がビル二階の駅から出て隅田川を渡る景観も珍しく、盛り場・浅草の新しいランドマークとして注目を集めた。開業約一カ月後、永井荷風は日記『断腸亭日乗』に「花川戸の岸に松屋呉服店の建物屹立せり」と驚きを記している。

▽百貨店の日々

通勤は歩いて二〇分くらい。男性用着物売り場の担当で、「制服」は着物の上に事務服の上っ張り。着物はメリンスや銘仙が多く、お客さんより高級なものは着てはいけませんでした。履物は草履で、半襟と足袋は真っ白でなければダメ。時計と髪飾りも禁止で、着けてきても、店では外さなければならなかった。場所柄、客は粋筋の男の人がほとんどでした。

勤務時間は朝九時から夕方六時まで。お昼に四〇分、午後三時に三〇分の休憩がありましたが、同僚の女性と融通を利かせて延ばしていましたね。昼食は母が作ってくれたお弁当を持って行って食堂で食べていました。食堂のメニューではカツライスなどが人気で、食券が一枚一三銭。時々食べたい物があると友達の食券で食べていました。テーブルにはタクアンと梅干しが大皿に盛ってあり、タダで食べ放題でした。

当時の百貨店のショップガールは常に表に出て顔をさらしているから、人気があって、「うちの息子の嫁にいい女性がいないか」という親が顔や客の応対などを見に来る。それで、次々「売れ」てっちゃう。私なんかそうじゃないから、売れずに七〜八年もいたんです。

ある時、友達と一緒に何かの寄付をしたら、新聞に「貧者の一灯」と顔写真入りで記事が載りました。それを見て、父とともに生活していて、私たち母子と全く没交渉だった姉が「秀ちゃんは松屋にいるんだ」と知って訪ねてきました。

▽そのころの浅草は……

そのころの浅草は本当にいい街でした。文明が進歩していて風情がある。そんな街でした。道路はアスファルトで舗装され、冬、雪が降ると、「シューシュー」と雪掻きの車が走った。お大尽の家以外は家に風呂がなく、みんな銭湯に行っていました。瓢箪池の周りにはいっぱい露店が出ていましたし、仲見世は午前零時でも人出が多くてにぎやか。そこをぶらつくだけでも楽しかった。それでもたかりがいて、明らかに「お上りさん」だと分かる人にはしつこく付きまとってお金を巻き上げる。「怖い所」と思われてもいたようでしたが、土地っ子の私は大手を振って歩いていました。遊園地の「花やしき」が好きでした。おもちゃの馬に乗る観覧車はほかの所のものよりゆっくりで、一周するのに、音楽が一曲終わるまでの三分間もかかりました。

お正月は羽根つきぐらいしか思い出はありませんが、五月は三社祭。朝六時の神輿《みこし》の「宮出し」を見に行くんです。当時は四之宮（戦災で焼失）まで四基ありました。昔は鳶職《とびしょく》の人たちが多く、お酒も入ってるから荒っぽくて。二階から見たりすると物を投げられる。日頃気に入らない店に神輿が突っ込んでメチャメチャにしちゃう。でも、神輿だから文句は言えないんです。すごい人出で仲見世もまともに歩けないくらい。六月の四万六千日（ほおずき市）、暮れの羽子板市……。お酉《とり》さま（鷲《おおとり》神社の酉の市）の時は吉原の大門が開放されて、誰でも入れるんです。それはそれは華やかで……。高張提灯が掲げられて、格子の内側に女性が座っている。廊下を厚いフェルトの草履を履いた花魁が音も立てずに歩いていました。見返り柳もありました。

六区の映画街には、子どものころ、姉とよく映画を見に行きました。無声映画で、人気のある弁士もいたようですが、小さかったので、映画の題名や弁士の名前は覚えていません。大きくなってからは洋画ばかり見ました。『どん底』＝一九三七（昭和一二）年公開。ジャン・ギャバン主演のフランス映画＝なんか大好きで、追っかけて何回も見たものです。浅草で売り出した芸人榎本健一、通称エノケンの舞台も松竹座で何度も見ました。どんな芝居かは忘れましたが、面白かった。

【メモ】浅草は現在は台東区。江戸時代、観音で有名な浅草寺の門前町として発達。遊郭の吉原、芝居の猿若町が歓楽街として大繁盛した。明治以降は「六区」と呼ばれる映画・芝居の興行街や遊園地「花やしき」のほか、三社祭やほおずき市、羽子板市、酉の市など、下町情緒あふれる行事が人気を集めた。一九三〇（昭和五）年のエッセーで川端康成は「浅草は『東京の心臓』であり、また『人間の市場』である」と書いている。戦災で浅草寺や繁華街も被害を受けたが、それを乗り越え、戦後も昭和三〇年代ごろまで、東京で一、二を争う盛り場・観光名所だった。

▽「花も嵐も…」とはいかなかった

母親と娘らしい二人連れが女性用の呉服売り場に来て、どの着物にするか悩んでいました。私が選んであげたら、後で息子という人から松屋の人事課に「お世話になった」というお礼の手紙が来ました。人事課から「家にお礼に行け」と言われ、嫌でしたが、友達と一緒に行きました。ところが、刑事上がりの巡察係のおじさんが後をつけてきているのが分かって、友達は帰ってしまいました。仕方なく一人で行ったら、その息子さんに喜ばれて、それからお付き合いするようになりました。私より二歳ぐらい上で早稲田大学の学生でした。家業は何か分かりませんでしたが、浅草の金持ちの家でした。黒塀で囲まれ、どこに家があるのか分からないような広い所で、石畳を歩いて出てくるような感じでした。

彼とはよく「銀ブラ」をしました。浅草だとどちらも顔を知られているので……。といっても、一対一ではなく、どちらも友達と一緒でした。「プランタン」という喫茶店の二階でお茶を飲むなどしました。そういう時も私は着物。当時で言う「モガ」

だったんです。向こうは金持ちでこちらは貧乏。家柄が違うので、彼からは「結婚はできないから、承知してくれ」と言われていました。その家には子どもがおらず、彼と女性が夫婦養子に入るということでした。長いこと付き合って、一緒にいるのは楽しかったし、好きでしたが、そう言われても悲しくはありませんでした。彼も私のことが好きだった？　そうかもしれませんね。彼は、当時流行した映画『愛染かつら』＝一九三八（昭和一三）年公開。上原謙、田中絹代主演＝の主題歌（「旅の夜風」）の歌詞を引き合いに出して、「自分は『花も嵐も踏み越えて……』のようにはいかない」と言っていました。

いま思うと、いい時代に青春を過ごせたなとつくづく感じます。その良さは人間的だったということだと思います。

▽タイピストへの道で出会う

そのころ、家の経済状態は少し良くなっていて、もう鼻緒の内職はしなくてよくなっていました。駒込にいた母の知り合いが「浅草みたいなごたごたした所にいないで、借家が空いているから」と言うので、そちらに引っ越し、松屋に通っていました。もっといい給料をと思い、松屋の勤務が終わった後、電車で上野、そこから地下鉄で京橋まで行って、「東洋タイプ」がやっていたタイプ学校に通いました。そこで教わった先生が、のちの夫です。私より三つ上で、家は板橋・桜川の農家。本家は「大百姓」でした。でも、三男でしたから、東洋タイプで販売や修理を担当しながら、タイプを教えていたんです。授業以外にも特別に教えてくれるということだったのですが、実際は銀座でお茶を飲むなどしていました。私はそこでタイプを身に付け、松屋を辞めて、三越前の耐火煉瓦の会社のタイピストになりました。会社と工場の間の連絡文書を作る仕事でした。結局、松屋には二三～二四歳ごろまでいました。

▽「相思」の「できちゃった婚」

結婚したのは昭和一七（一九四二）年の秋。相思相愛？　まあ、相思だけですね。その年の八月に長男が生まれました。できちゃった婚？　まあ、そういうことです。板橋の夫の実家近くに、バラックですが一戸建てを建て、二〇年の二月に長女が、戦後の二七年に次女が誕生しました。戦争が激しくなっても、空襲は近くの真言宗の古刹・安養院に爆弾が落ちたくらいで、怖い思いをしたことはほとんどありません。夫の母が内緒で野菜を持ってきてくれるなど、何となくまあまあ食べられる生活で、ひどい食糧難で苦しむようなことはありませんでした。よく言われるような戦争中の苦労はあまり味わわずに済んだと思います。

【メモ】板橋区は、一九三二（昭和七）年、板橋町など四町村が合併して発足。人口は約一二万人だった。区内には明治初期から、火薬などを製造していてのちに東京第二陸軍造兵廠板橋工場となる軍需工場があり、人口増に合わせて周辺に下請けの中小機械工場が急増。太平洋戦争中には、成増に首都防衛のための陸軍飛行場もできた。一九四五（昭和二〇）年一月から終戦直前まで計一六回の空襲を受け、特に四月一三日は二三二人、六月一〇日は二六九人の死者を出した。空襲全体では死者約五〇〇人、被害建物約一万二〇〇〇戸、罹災者六万人余の被害を受けた。戦争直後は焼け野原の中、板橋駅前などに闇市が開かれた。

▽戦後の苦労は少なかった

戦後、「マッカーサー指令」による農地解放で、夫の実家は農地を手放し「貧乏庄屋」に。勤務先の「東洋タイプ」もつぶれ、夫は仕方なく闇屋になりました。でも、やり方が下手だから、品物を取られてしまって、なかなかうまくいきませんでした。会社勤めをしたいと思っても就職難。食うに困って、「駒井商店」の看板を掲げ、くず屋を始めました。金属を仕入れてくると、買いに来た人が「これは二号銅線」などと勝手に仕分けして持って行きます。そうしたことから勉強して仕事を覚え、いくらかずつ事業が大きくなっていきました。当時は金属の需要が高く、商売はとてももうかりました。ある人には「お宅は日の出の勢いだな」と言われたほど。「一日三万円ぐらい売り上げがあるだろう」とも言われましたが、実際は一日六万円に上る日がしばらく続きました。「段ボールに札束」というほどではありませんでしたが。

その金で家を建て替え、埼玉・朝霞に五〇〇坪の土地を買いました。ヤードに機械を入れ、鉄を溶鉱炉に入る大きさに処理するなどの仕事を始めました。それを日商岩井の名前を借りて日本製鉄に納めるのです。朝霞市と久喜市で収集した缶の処理も請け負うようになりましたが、これはもうかりました。子どもも順調に成長。長男は「自分は苦労を知らない」と言いますが、実際に、戦後も経済的な苦労は比較的少なかったと思います。

▽夫の死と新しい人生

その後、夫は白内障を患い、目が見えなくなって仕事を辞め、ヤードを売って、今住んでいる家を買いました。平成一九（二〇〇七）年の暮れに、誤嚥性肺炎で九三歳で亡くなりました。私は「駒井」の姓を残さなければならなかったのですが、「宝田」姓だった夫は私の籍に入ってくれましたし、母の面倒も見てくれました。それなので恩義は強く感じています。でも、愛していたかと聞かれると……。私の望んだ男性像は「一緒に銀座を歩けるような人」だったでしょうか。一時付き合った早稲田の人はそうでした。でも、夫は板橋の人でしたから。

自分にとって翌二〇（二〇〇八）年からは、新しい人生だと思っています。何をやっても楽しい。思い出はまとめて夫の棺の中に入れ、第二の人生を始めました。昔、母とともに生活に苦労したことも、浅草のことも、多くは忘れました。夫のことさえ、あまり思い出しません。昔の写真を見ても、懐かしいとは思いません。それは今が幸せだからだと思います。自分は現在に生きているのですから。次女の家族と暮らしており、大学生の孫も同居しています。食べ物に好き嫌いはなく、何でも出された物は食べます。家にいる時は一人で本を読んでいます。以前は毎朝三〇〇〇歩歩き、今でも一〇〇〇歩歩いています。近所の氏神様の掃除をし、その向かいの交番を片付けるのが日課。夏でもクーラーをつけたことはありません。デイサービスに行けば、友達も先生もいます。何をやっても楽しいですが、陶芸が一番好きです。着物は今も好きで、外に出掛ける時はよく着ます。いくつまで生きたいということはありません。ただ自然のまま生きる。それができていると思っています。

駒井秀子さん

時代に寄り添った個人の生活史

こうしてまとめ、プリントアウトした文章には駒井さんの写真も入れた。一〇〇歳を迎えた二〇一七年一〇月の誕生会で冊子として本人に手渡された。

出来上がった文章をメールで送ると、西台センターの長谷川氏たちから「すごくよくまとまっている」「驚きながら読ませてもらった」というお褒めの言葉があった。それは当然で、戦前、日本最大の盛り場だった浅草に生まれ育ち、当時最先端の職業のデパートガールだったという経歴だけ見ても、面白いヒューマンストーリーにならないわけがない。本人の記憶がしっかりしていたことも結果につながった。駒井さんに限らず、八〇歳以上の人であれば、性別や生まれ育った場所、成育環境を問わず、戦争と戦後の時代という、人生の中で最も強烈な記憶がある。そこにポイントを置けば、時代に寄り添った個人の生活史は、間違いなくある程度以上の質も伴って出来上がるはずだ。駒井さんの自分史が読み手にとって魅力的なのはちっとも不思議ではない。

第二章で書いたように、長谷川氏たちからは、賛辞とともに、「でも、同じようなことは自分たちではできない」という言葉が返ってきた。確かに、人に話を聞き、取材して原稿を書くことを長く続けてきた元記者にとって、こうしたことは日常茶飯事。大きな苦労はないが、そうした経験がなく、文章もあまり書いたことがない施設のスタッフにとっては、ハードルはかなり高いかもしれない。

それで私は、インタビュー経験を基に作った「自分史聞き書きの手法」（第三章で詳述）を長谷川氏に渡した。その時に言ったのは、「自分史は、介護スタッフの意識改革にもつながるかもしれない」ということだった。確かに今の若い世代は歴史に対する関心が極めて薄い。さらに介護現場の仕事の過酷さもある。問題は簡単ではない。しかし、エイジング・サポートの小川氏が言うように「その人の生活史を知らなければ本当の介護はできない」と考えるなら、スタッフも少しずつでも歴史に関心を持って学び、介護を受けている人に聞き書きしながら、またさらに学ぶ。そうして、自分の意識を変革していく。実際に介護分野で自分史を導入する活動が進んだ時はそうなるだろう。そして、あるいはそのことも、介護の世界に自分史的な考え方を持ち込む大きなメリットかもしれない。

さらに言えば、介護スタッフが高齢者から聞き書きをするのには一つ、大きなプラス材料がある。それは、スタッフが聞き書きする相手を、「友達」と呼べるほどでなくても、知っていることだ。どれほど親しいかは別にして、相手を知っていることが、話を聞くうえで大きな強みになるのは第三章で述べた通りだ。

「介護自分史」これから

西台のデイサービスセンターでは、自分史聞き書きの対象者を増やし、デイサービスの

サービスの一つとして確立する方針。作成済みの自分史を「朗読」するほか、「紙芝居」ふうにして、他の介護業務や認知機能の改善、機能訓練活動のメニューにしていくという。「それはケアマネジャーの意識を変え、利用者や家族と地域のご縁をつなぐきっかけになる」と小川氏は言う。さらに、特養など、別なサービスや事業に取り組みを拡大していくほか、地域活動と連携して、「地元史」の作成につなげていく考えだ。

二〇一八年四月からの診療報酬改定で病院での長期入院が難しくなり、在宅や施設での看取りの重要性が増した。「施設入所の際に本人の生活史を用紙に書くケースが増えて、子どもが親の自分史を書き留める『親ブック』という取り組みも一部で進んでいる」と小川氏。「医療と介護の連携は今後の大きな課題だが、自分史的なアプローチがますます必要とされてくるのは間違いない」と話す。

介護の世界での自分史の本格的な取り組みはこれからだ。

第八章　「戦争体験の継承」として

書き終えるまでに三五年

「どれだけ書いても気持ちは軽くならないですね。いくら時間がたっても、忘れられない」。神奈川県藤沢市の鈴木政子さんは、旧満州（現中国東北部）での生活と引き揚げの体験を何冊も自分史の本に書いてきた。それでも、七三年たった今も戦争の影は薄れず、彼女たち体験者の心を捉えて離さない。

鈴木さんは一九八〇（昭和五五）年、自分の戦争体験をまとめた『あの日夕焼け――母さんの太平洋戦争』（立風書房）という児童向けの自分史の本を初めて出版した。一九四三（昭和一八）年、教師だった両親ときょうだい四人と共に満州に渡った。黒山という街で双子の弟妹が生まれ、家族は九人に。一〇歳の時、終戦を迎え、ソ連軍（当時）の侵攻で、綿花工場に造られた収容所で五七日間を過ごした。劣悪な環境とすさまじい食糧難の中で妹と弟を失い、命からがら脱出して錦州の収容所へ。生活費を稼ぐため、彼女も街頭でたばこ売りをしたが、ここでも弟と妹が病死した。

哀切極まりないのは、ジフテリアで瀕死の六歳の弟「みっちゃん」に彼女が言葉を投げつける場面。「姉ちゃんはもう働けない。寒くて体が痛くて――。私の働きで食べていこうなんて無理なのよ。みっちゃんが病気になったから困るのよ。あんたなんか死んでしまえばいい！　そしたら家族みんなが助かるんだから」。それでも弟は「姉ちゃん、好きだよ」と言って死んだ。翌年、日本に引き揚げてきた時、家族は五人になっていた。

戦後も、楽しんでいる人の輪の中に入れず、自分の体験を誰にも話そうとしなかった。もともと文章を書くことが好きで、偶然、橋本義夫を知って「ふだん記」運動に傾倒。住んでいた神奈川県茅ヶ崎市で「ふだん記」のグループをつくったが、「どうしても書かなければならないこと」があるのに書けなかった。「思い出すのが嫌だったし、書きたくなかった」。そんな時、終戦時の自分と同じくらいの小学四年生になった長男から、「お母さんは僕ぐらいの時、どこの学校にいたの？」と聞かれた。「あのことを書かなければ前に進めない」。以前書いたメモを基にまとめた文章を、長男のクラスの担任教師が紹介。人に知られるようになり、出版につながった。「書き終えるまでに敗戦から三五年かかった」

その後も、満州と引き揚げの体験を書き続け、二〇一七年、『語らなかった女たち――引揚者・七〇年の歩み』（本の泉社）を出した。引き揚げ時、ソ連兵らに暴行されて妊娠した女性たちに、医師らが超法規的に中絶手術をしたという終戦秘話を中心に、女性の苦難の実態を調べ上げた。「実際にあったことをそばで見ていたのが私の強み。だから、ほかの人が書けないことが書けるし、自分が書かなければならないと思ってきた」

「当時のことを書く自分史はこれが最後になってもいいという気持ち」だという。「最初に本を書いたのは弟への償いが動機だった。それでも今も夢に見るし、申し訳ない気持ちは消えない」。人が「おいしい」と言う物が食べられない。「収容所にいたころは三〇〇日間も米粒が食べられなかった。ごちそうを前にしても『食べられない人がいるのに悪い』と思ってしまう」。最近は小学生や若い世代に積極的に体験を話している。「約三〇〇人の小学三年生に、母が持ち帰ったボロボロの弟の服と、遺骨代わりの綿の実を見せて話すと、真剣に聞いてくれる。そうやって渡したバトンを受け取ってくれることがうれしい」。最新刊も若い人たちに読んでほしいと言う。

「いい戦争」は世の中に存在しないだろう。戦争体験を持つ人たちが「戦争は嫌」と言いつつ、当時のことを忘れず、自分史にも書こうとするのは、あの戦争があまりに悲惨すぎて、庶民の理不尽な死が膨大に積み重なり、その記憶が生き残った人たちの心の底にいまも居座ったままだからかもしれない。

戦争という重い課題

自分史はこれからどんな方向に進むのだろうか。七〇代半ば以上の人々にとって、自分史を書く「材料」であり「動機」でもあるのが「戦争」だった。しかし、戦後も七三年。「平成」さえも去ろうとしている。戦場体験や戦争体験を持つ世代が少なくなっているのが現実だ。その中で自分史が、高齢者が半生を振り返って書くという「枠」から広がって、時代を生き抜いていくことができるのだろうか。よく重要性が指摘される「戦争体験の継承」とどう関連するのか。全員が高齢者世代に入った「団塊の世代」はどう関わるのか。自分史の今後を見定めるためには、戦争という重い課題を考えなければならない。

近現代史の取材をして痛感するのは、日本人の平均寿命という冷厳な事実だ。男性は現在約八〇歳。かつての日本では、太平洋戦争末期や志願の少年兵などを除いて、兵役は満二〇歳以上とされていた。昭和二〇（一九四五）年に二〇歳だった人も戦後六〇年の二〇〇五（平成一七）年に平均寿命に達した。つまり、現時点で戦場体験を持つ人は、ほぼ九三歳以上の男性。その数は年々減っていき、いずれいなくなる。健在の人であっても、圧倒的多数は当時兵士で、戦場の全体像や作戦を把握していた元将校や元下士官はわずか。最近のNHKのドキュメンタリーが「証言記録　兵士たちの戦争」なのもその表れだ。

その下の年代でも、七〇代後半以上なら、空襲、疎開、徴用、食糧難などの戦争体験はあるが、一〇年以内には平均寿命に達する。それが自分史にどんな影響を及ぼすのか。半面、「これだけの時間がたったから、やっと話せる、書けるという人もいる」と鈴木政子さんは言う。それもまた一面の事実かもしれない。自分史がそうした思いのはけ口になれば、それに越したことはないだろう。

自分史とうたわなくても

手元に『生き残った青年達の記録』（学生書房）という本がある。一九四九（昭和二四）年九月一五日の出版。東大唯物論研究会と学生書房編集部が募集した若者の体験記一八四編のうち八編が載っている。冒頭の「光の見えるまで」は、旧制中学在学中に志願して陸軍の特別幹部候補生となった少年が、敗戦で復学したものの勉強についていけず、不登校に陥る。進駐軍物資の運搬作業をしていた時、食糧を盗んだのが見つかって拘束され、釈放後、工場で働く中で将来に希望を見いだす、という内容。戦争がいかに個人の心に深く重い惨害を及ぼしたかが分かる。他のほとんどの作品にも、学徒出陣などで戦場に赴き、復員した後、虚無感の中で過ごした戦後が描かれている。同書に収録された座談会で、体験記の選考に当たった東京大学の学生は「あの戦争の中に引きずり込まれて、その中でそれぞれの生き方でおのおの苦しみを積んできた青年たちが、戦争をくぐり出た後の『今日』という立場で、どのように自分の戦争というものに対する姿勢を顧み、そしていまの自分を育てようとしているかに関心を持って読んだが、選ばれた八編はそういった類型をよく表しているのではないか」と述べている。

二〇一〇年に出版された田邊雅章『原爆が消した廣島』（文藝春秋）は、一九三七（昭和一二）年にのちに広島の爆心地となる区域近くで生まれた記録映画作家が、原爆で一瞬にして失われた街並みを映像で復元するまでのドキュメント。被爆前の街や家族の記憶が、建物や住民の写真とともにつづられている。映像による街の復元には、原爆の悲惨さを訴え、核兵器廃絶を願う思いが込められている。「それが、爆心地に生まれ育ち、原爆に遭い、大切な家族を失い、その後、映像づくりの道を歩いてきた私の責務だと思った」と著者は書いた。

二冊が出版された年は約六〇年も離れており、内容も全く異なる。どちらも自分史とはうたっていない。しかし、現在の地点に立って過去を省察し、未来を模索するという「精神」から考えれば、どちらも自分史的な作品といえる。

戦争が人間に与える陰影

戦場・戦争体験をつづった文章は数限りなくあり、その一部を自分史と捉える見方もある。そのことの当否はさておき、重要なのは、ある年齢以上の人々の自分史に、戦争と戦後の体験が圧倒的な存在感を持ってうずくまっていることだ。

第一次世界大戦で戦没した五〇人余りのドイツ人学生の手紙を抜粋した『ドイツ戦没学

生の手紙』（ヴィットコップ編、高橋健二訳）は、一九三八（昭和一三）年に岩波新書として出版され、当時の日本の学生らにも大きな感銘を与えた。同書の中で学生の一人は、戦場での体験が自分に大きな変化をもたらしたとして、「戦争は悲しいものですが、また偉大なものです」「別人にならずして戦争から帰る人はありません」と書いている。

人が戦争によって別人になるとすれば、それは確かに「変化」だが、私に言わせれば、それは変化というより「切断」ではないだろうか。戦争で死ぬことで生命が切断されるだけでなく、生き残った人間にとっても、親しい人々との関係や社会生活を、死や国境や偶然の出来事によって切断される。さらには、戦争という、すさまじい非日常の体験の記憶が、それ以前とそれ以降の日常の記憶を切断する。その重さが自分史を書く動機となり、まとまった自分史にも深く反映される。

戦場だけではなく、戦争の時代そのものが人間に深い陰影を与える。二〇〇四年に旧満州に関する企画の取材で、南満州鉄道（満鉄）の運転員をしていた岐阜県在住の男性を取材した。ソ連（当時）との国境地帯を走る列車に乗務。一触即発の緊張感がひしひしと迫る中、「東海林太郎が歌った流行歌『国境の町』の『橇《そり》の鈴さえ』という歌詞が身に染みた」と男性は語った。戦後は三六年間、銀行員生活を送ったが、「それよりも、二年足らずの満鉄時代の方が自分にとって重みがある。あの日々には、時代と共に生きている実感があった」と言い切った。

共通の記憶となる「節目」

逆に言えば、戦争体験や戦後体験は自分史を書く際の強力な「武器」になる。それはその人間の半生に「ヤマ場」をつくり、自分史の物語を平板にさせない効果をもたらす。戦争には及ばないが、多くの人にとって共通の記憶となる「節目」はほかにもある。第七章で九九歳の女性から聞き書きした自分史を紹介したが、彼女の年代で東日本にいた人なら、ほぼ間違いなく、直接間接に関東大震災（一九二三年）と関わり、何らかの体験や感慨を持っている。時代が少し下って、満州事変（一九三一年）、二・二六事件（一九三六年）、日中全面戦争突入（一九三七年）、真珠湾攻撃＝太平洋戦争開戦（一九四一年）、東京大空襲、広島・長崎原爆、玉音放送＝敗戦（いずれも一九四五年）のどれかには記憶が〝引っ掛かる〟はず。そうした節目を探せば、そこに自分史の物語も確実にひそんでいる。

同様に、戦後の節目となる出来事を求めれば、敗戦直後の混乱期から、朝鮮戦争勃発（一九五〇年）や六〇年安保（一九六〇年）を経て、復興から高度成長に向かう時期のエポックメーキングな出来事として東京オリンピック（一九六四年）がある（東海道新幹線開通も同じ年）。さらに、地域にもよるが、大阪万博（一九七〇年）、札幌冬季オリンピック、沖縄返還（いずれも一九七二年）、オイルショック（一九七三年）、ロッキード事件＝田中角栄元首相逮捕（一九七六年）、昭和天皇逝去（一九八九年）、長野冬季オリンピック（一九九八年）なども節目かもしれない。自分で書く時も聞き書きの場合も頭に入れておく必要がある。

被爆体験の自分史

その中でも特筆すべきなのは原爆被爆だろう。二〇一六年、「原爆被害者相談員の会」有志による『生きる・被爆者の自分史』の第五集が刊行された。七一歳から九一歳の一〇人が被爆体験を中心に半生をつづっている。同会は、被爆者の健康相談を受けるボランティア団体として一九八一年、医療ソーシャルワーカーを中心に発足。「原爆に遭遇することで、自分の人生がどう変わったか、そこで自分がどう考えたか、どんな行動をとったかを書き記す」ことを目的に、被爆者に「自分史を書いてみませんか」と呼び掛け、執筆をサポート。被爆五〇年の一九九五年に一九人の被爆自分史を集めた第一集を出版した。その後も講演会や証言の会を開くなどの活動を続けている。

広島と長崎にはそれ以前から、膨大な量の被爆体験記があるが、自分史と結び付けた時に大きな特徴が生まれる。それは、被爆の事実が、自分の生まれ育ちから時系列で振り返った「通史」の自分史の中で突出したトピックになることだ。通史は、一般的に平板になりがち。それが被爆体験記だと、原爆被爆がはっきりした「山」となり、その前後は「被爆前」「被爆後」として「裾野」の役割を果たす。物語の流れにメリハリがついて、不謹慎な言い方だが、魅力的な自分史になる。それだけ、戦争体験の中でも被爆体験は強烈で、生き残った人間にもさまざまな形で傷痕を残すからだ。原爆以外でも、戦場の惨状、苦難、美談や、本章冒頭の鈴木政子さんの「満州と引き揚げ」のような重い戦争体験は、悲しいことだが自分史に適しているといえる。

高校生と被爆者が絵を共同制作

二〇一七年八月、NHK総合テレビで「ふたりのキャンバス」という広島の地域発ドラマが放送された。広島市立基町高校の生徒らが被爆者から証言を聞き、一つの場面を絵に描く活動がモデル。二〇一五年には「あの夏の絵」という舞台劇になり、二〇一八年から三年間、文化庁の事業として全国の学校で巡演される。同高創造表現コースの学生が広島平和記念資料館の事業に協力して二〇〇七年にスタート。高校生が高齢の被爆者と七、八回から最高二〇回以上の打ち合わせを重ね、約半年かけて「原爆の絵」を完成させる。絵にはさまざまな被爆者の記憶が物語として描き出される。大やけどを負い、真っ黒になって家に運ばれた父親の姿。皮膚が垂れ下がったままさまよい歩いた自分……。これまでに描かれた絵は一〇〇点を超えた。

社会学のライフストーリー研究の立場からこの活動に注目し、論文やシンポジウムで取り上げているのが小倉康嗣・立教大学准教授だ。小倉准教授によれば、被爆者の話を聞いた高校生は、「怖い」から「苦しい」「つらい」「悲しい」に変わり、被爆者の思いや感情に自分を重ね「記憶を追体験して原爆被爆を自分の中で受け止められたと感じるようになる」。そして、悩みながら被爆者と絵を共同制作していくのだという。「調査し始めた時は広島の被爆者の間でもほとんど知られていなかったが、最近はテレビにも取り上げられるなど、反響がすごい」

こうした活動も戦争体験継承の取り組みといっていいのだろうか。「ライフストーリーの大きなポイントは、語り手と聞き手との対話性にある」と語る小倉准教授は「被爆者と高校生のコミュニケーションによる記憶の生成であり、『継承』と捉えている」と語る。私に言わせれば、これも自分史と関連した動きであり、聞き書きという枠や世代の段差を超えた新しい運動。戦争体験の継承は、自分史の視点からも真剣に考えるべきテーマだ。

団塊世代は何を書く

よく「団塊の世代」の自分史のことが話題になる。戦後すぐのベビーブームに生まれた膨大な数の同世代人は、いま六〇代後半から七〇代に入り始めた。彼ら彼女らがどんな形で自分史に向き合うのか。自分史研究家の吉澤輝夫氏は「団塊の世代が書く自分史は、家族のことが中心になるのではないか」と言う。それもあるが、それだけではないだろう。

私も一九四七（昭和二二）年七月生まれの団塊の世代。物心ついた時、周囲にはまだ「戦争」が色濃く残っていた。自宅近くの国道のガード下には、戦災で焼け出された人たちのバラックが並び、私と同じ年代の子どもたちが、ジープでやってきた進駐軍のアメリカ兵からチョコレートをもらいながら「マネー、マネー」と手を出していた。それを、兄と二人で遠くから、うらやましいような、恥ずかしいような気持ちで眺めていた。家の柱の外側には空襲で焼け焦げた跡があり、教師だった父が短期間の兵役から持ち帰った鉄かぶとが金魚鉢に使われていた。

かといって、特に戦争や平和について考えていたわけではない。関心を持つようになったのは、記者になってから取材を通してだった。地方勤務で長崎にいた時は原爆と被爆者の取材をし、社会部では、戦後の帝銀事件から、細菌戦の七三一部隊や毒ガス部隊などのことも調べた。一九八七年九月以降、昭和天皇の「Xデー」に向けた取材で平和団体などと接触。戦争や戦前・戦後の歴史と社会について取材しているうち、気がつけば、同世代でも現代史や戦争と平和に関心の深い「社会派」の記者になっていた。

私はまだ自分史を書いてみようという強い意志は持っていない。しかし、もし書くとしたら、そうした戦争の時代を直接受け継いだ戦後を抜きにしては語れないだろう。私のような「戦争を知らない子ども」の記憶にも、戦争は間違いなく刻印を押している。

さらに言えば、団塊の世代は、その名称からしても「数」と切り離すことができない。一九四七～四九（昭和二四）年の三年間の生まれに絞っても、総数は八〇〇万人を超えるといわれ、物心ついたころから、その人生には、人数の多さが付きまとっていた。小学校はクラスの数も多く、午前と午後に分けた「二部授業」。大学入学時がピークの受験戦争。大学では「全共闘世代」。結婚して子どもが生まれれば「団塊ジュニア」……。常に「マーケット（市場）」としてしか認識されず、「ニューファミリー」などと呼ばれて、消費意欲を喚起される対象だった。定年後は、社会保障などでの〝勝ち組〟として、下の世代や若者らから怨嗟の的にもなっている。

二〇一七年四～九月に放映されたNHKの連続テレビ小説「ひよっこ」では、茨城県の北端の農村に住むヒロインが高校卒業後、集団就職で上京する。それは東京オリンピックの翌年の一九六五（昭和四〇）年。つまり、このヒロインは一九四六（昭和二一）年四月から四七（昭和二二）年三月までの生まれで、私より一学年上になる。狭い捉え方では団塊の世代に入らないが、ドラマでは、この時一緒にラジオ工場に就職した集団就職者の中に中卒の子も出てくる。ヒロインより三学年下で団塊の世代。一九六八年に拳銃で四人を殺害し、「連続射殺魔」と呼ばれた永山則夫・元死刑囚は同じ学年で、この時に中卒で青森から集団就職で上京し、渋谷のパーラーに勤めている。「ひよっこ」というドラマは一種の「東京論」だが、団塊の世代自体が、都市と地方の関係性というテーマを抱えてきたといえる。

時代的に見れば、団塊の世代は、戦中派と戦無派をつなぐ純粋な戦後派として、語るべき物語を数限りなく持っている。しかし、私に言わせれば、多くはまだ「城に立てこもったまま」、自分を語っていない。語ろうとしていない。それがいつどんな自分史を書き、物語を語るようになるのか。その時は徐々に近づいている。そうすることで団塊の世代の人々は戦後や数の重圧から解放されるのではないだろうか。人ごとでなく興味深い。

第九章　若者にとっての自分史

「鬼束ちひろとレミオロメン」

教室の中央に半円形に並べた机と椅子。女子学生が八人。

「どうしてそんなふうになったの？　原因は？」

「タイトルを見た時に音楽の話かと思ったら、違った」……。

順番に出される感想と疑問に、一人が答える。

「いまもよく分かんない」

「その時に聞いていた歌をタイトルにしただけ」

やりとりを見ていた担当の塚田守教授が討論のポイントを次々黒板に書き出していく。

「自分はこの場に必要なのか」「部屋でじっとしている」「母親の判断」――。二〇一七年六月、名古屋市千種区にある椙山《すぎやま》女学園大学。国際コミュニケーション学部の「ライフヒストリー」の授業で、学生が書いた「自分史的エッセー」を基に学生全員で討論している。

この日は、四年生の一人が書いた「鬼束ちひろとレミオロメン」という自分史的エッセーのコピーが配られた。小学校高学年から中学校時代にかけてうつ状態に陥り、「深海魚」のように自室に閉じこもる生活を続けた体験をつづり、〝どん底〟の時期と回復期に聞いた歌のミュージシャンの名前をタイトルにした。学生たちはこの場で初めて文章を読み、感想を述べ、質問する。討論を通じて、本人は当時の自分の感情や考えを思い起こし、整理する。

「そのころは、真剣に考えても、自分がダメだってことしか思いつかなかった」「たぶん『自分の中には何もない。自分のことを知りたい』って思ってたんじゃないかな」と彼女が振り返った。最後に塚田教授が「成長の過程だったのかもしれないね」などと補足して締めくくった。

討論を受けて、学生は文章を書き直して完成させる。この日の学生が最終的に提出した自分史的エッセーは次のような内容になった。授業の時はタイトルにしていたミュージシャン名は消えた（段落を整理し、用語を点検して、ルビや読点を入れた。それ以外は原文のまま）。

深海

芽

私は小さい頃から、おとなしくて手のかからない子供だったらしい。

親戚の集まる機会があると、決まって「やんちゃしなくていい子だね」「お利口さんだね」と言われてきたし、幼少期のことを親にたずねると、同じようなフレーズが並ぶ。

ここで言う「いい子」とは、「親の手を煩わせない」という意味である。親からしたら、危ないことをしない、けんかもしない、スーパーのお菓子売り場で駄々をこねることもない、育てやすい子供だったかもしれない。

しかし今になって思えば、それらは小さい子供には必要なことで、自分の中にある感情を素直に表現して周りの人間に作用するという、大切な経験なのだろう。

私は小さい頃から、これがすごくすごく苦手だった。思ったことは口に出すより頭の中で考えて終わり。外に向けて発散するということをあまりしない子供だった。

深海

小学校の高学年になった頃から、それはじんわりと始まった。

朝になるのが憂鬱《ゆううつ》で仕方なく、昼の間はいつも気だるかった。逆に夜になると、目が冴えてきて気だるさがなくなる。学校に行くことや友達といるのが億劫《おっくう》になり、遊んでいても「私はこの場に必要なのかな。いらないんじゃないのかな」と考えるようになった。暗い歌詞の音楽ばかり聴いて、自分には価値が無いように感じていた。

今思い返しても、なにがきっかけでそう考えるようになったのか、明確な原因は分からない。強いて挙げるなら、友人関係でのトラブルはあったが、直接的な原因になるほどのことではないように思われる。気がついたら海の深い所まで潜って沈んで、水面がどこだか分からない。常にそんな気分だった。

自分ってなんだろう？

中学校に入学した当初はなんとか毎日学校には行っていたが、家に帰ると全ての気力を使い果たしたようにぐったりして、部屋でじっとして動かないようになった。環境の変化も手伝って、私は益々深いところにまで潜っていたのだろう。

部屋でじっとしている時は、音楽を聴いて連想した絵を描いたり、自分のダメだと思うところを箇条書きで書き出したりして過ごした。自分の中身が何も無いからっぽな人間だと思うようになった。

私の場合だが、気持ちが沈んでいる時は暗い音楽を聴いてとことんネガティブに浸っているほうが楽だった。ポジティブになるのにはエネルギーがいる。今になって聞き分けのない子供のようにいじけて駄々をこねて、「ネガティブでいるのが楽だから、私はこのままでいたい」と閉じこもっている私が心の中にいた。

転機

「今日は薬を貰いに行くよ」

学校から帰ると、母が私を連れ出した。

訳も分からずついて行ったが、今思うと、分からないのが良かったのだろう。理解していたら、素直について行かなかったかもしれない。

連れて行かれた先は漢方薬局だった。

電車に乗っただけでも疲れきっていたが、そこで待っていた先生にここ数年、私が潜ったまま戻れないでいる深海の話と体の不調の話をした。先生は私の話を聞きながらなにやらメモを取ると、私を診察台に寝かせてお腹の上に薬の包みを置いた。しばらくすると、違うものと取り替える。これを何度か繰り返して、私に処方箋を書いた。

漢方や東洋医学に触れたことの無い人が見たら、新興宗教の怪しげな儀式だと思うかもしれないが、何の薬が欲しいかを私の体に直接聞いたらしい。「いきなり何だ、この大人。お母さん、騙されてるんじゃないの」。私はそう思った。

帰り際に先生は「絶対治してあげるからね」と私の手を握り、一ヵ月後にまた来るように言った。

理由

帰ってからは母といろんな話をした。

普通の病院に行って、安易に鬱と診断されたところで何の解決にもならないと考えたこと、母の親族に精神疾患を抱えた人が何人かいること、その人たちが西洋医学に頼って薬ばかり飲んでも全く良くならないこと……。初めて聞く話ばかりだった。

話し終えると、母は私を抱きしめて「弱く産んでごめんね。お母さんを通り越して、あんたがおじいちゃん達に似ちゃったんだね」と言った。そんなことを言われたのは初めてだった。

母は、精神障害になりやすい体質か気質かなにかに遺伝性があるのではと思っているらしかった。「精神障害になりやすい」と書くと伝わりにくいかもしれないが、要は「傷つきやすい性格」ということだと思う。

こうなる前はどうやって楽しい気分になってたんだっけ。どんなおいしいご飯を食べてたんだっけ。夜、どれだけぐっすり眠ってたんだっけ……。気がつくと、母と抱き合いながら泣いていた。

このままじゃダメだと思った。

変化

先生から貰った薬は、正直に言ってどれも本当に飲むのが辛かったが、効果はてき面だった。

薬はあくまで補助で、食生活の改善が主な治療法だと言われたので、先生の言葉をリストアップしてそのとおりに過ごした。積極的に食べるべきものと食べてはいけないものがあり、口においしいものは体にはよくないと考えるのは、西洋医学と同じだった。私の生活から小麦製品と砂糖が消えた。

始めの一ヶ月ではっきりとした効果があらわれた。

学校が終わったらクタクタで何もする気にならなかったのが、気がついたら、そこまで疲れを感じなくなっていた。体が元気になると心にも影響すること、その逆も然りだということを身をもって学んだ。

夜は布団に入るとすぐに眠るようになったし、朝はすっきりと目が覚めて二度寝をしなくなった。友達との会話を億劫に感じることも、自分に価値が無いと考えることも、気がついたらなくなっていた。人と目を合わせることも辛くない。

これだけが心の拠り所と思っていた鬼束ちひろの曲を聴かなくなり、入れ替わるようにロックにはまった。「こんなにも醜い私」と歌っていた部屋のコンポから、今では「お馬鹿でＯＫ！」とギターの音がする。これは母親に指摘されて自分でも気がついた変化なのだが、自然と、前向きになる言葉やメロディーを心が欲し始めたのかもしれない。

「最近元気な音楽聴いてるわね」と言う母は嬉しそうだった。心が軽くなるのを感じた。もう息苦しくない。やっと水面に顔を出せたんだ。二回目の診察が終わった頃から、友達にも変化を指摘されるようになり、半年かけて治療は終わった。

それから

以前のように常に暗い考えにとらわれることはなくなったが、食生活や睡眠には常時気を遣っているし、特に小麦や砂糖はたまにしか食べない。きっと母は、このことに関しては「普通の病院はあてにならないから連れて行かなかった」だけだと思うが、今考えると、母が最初に精神科などに連れて行かなかったのは、「人に鬱だったと説明しにくい」と考えれば失敗、「人に鬱だったと言わなくて済む」と考えれば成功だと思う。

今では、小さい頃から虚弱体質だったのが嘘のように風邪を引かなくなったし、毎日学校とバイトで夜まで動き回っているが、無理をしすぎたり、気を抜いて食生活が乱れると、すぐにあの暗い海の底に戻ってしまうという感覚はいつもある。

あのままでいたら、今どうなっていたんだろうと考えるとゾッとする。おそらく高校には行けてないし、となると大学にも通っていない。バイトをするほどの気力、体力などあるはずが無い。息をするだけで精一杯なのだから。

自分の中に好きなもの、嫌いなもの、信じていることがあって、「これが私」と思うだけの中身がある。そう感じられることが私を安定させてくれた。

漢方の先生には治ってからも何度か会っているが、次に会う時は社会人として働いている話ができたらいいなと思っている。

大学生に自分史的エッセーを書かせる意味

授業終了後、文章を書いた四年生は、過去を〝公開〟したことについて、「幼なじみとかごく親しい人以外には話したことがなく、ちゃんと振り返るのは初めて」と語った。最初は別のテーマを考えていたが、塚田教授に「もっと突っ込んで書いて」と指導され、四、五時間で書いた。「状態が徐々に改善していく過程は淡々と楽に書けたけど、悪くなっていく時期のことは、思い出したくない気持ちがあって、ちょっと迷って時間がかかった」

「でも」と彼女は言う。「私たちの世代は自分が考えたことを発信することに慣れてる。抵抗感が強い人はそれほど多くないんじゃないかな」。若い世代の間でツイッターやフェイスブックなどのＳＮＳ（ソーシャルネットワークサービス）が普及したことの影響を挙げた。就活が終わり、卒業後は志望だったエステティシャンの道に進むという。「こういう機会がなければ、振り返る気持ちにはなかなかなれない。自分にとって今は転機。そんな時に、あの時どんな考え方をしてたのか、客観的に振り返るいい機会になった」と笑顔を見せた。

塚田教授は、彼女が話の中で「（この授業は）何を書いても否定されない場所だから、素直に書いた」と漏らしたことが「うれしかった」と言う。大学生に自分史的エッセーを書かせる意味は「いままで語ることがなかったことを語ることで、それまでの自分とは違う、新しい自分へ変わる一つのきっかけをつくること」だと説明する。「二〇年前後生きてきたにすぎない学生にも、多様な人生の物語がある。それを授業で読んで相互にコメントし合いながら、それぞれの人生を考え、自己理解を深めるのが目的」。専門は社会学だが、「この授業はまともな社会学とは見られないかもしれない」と笑う。

全部の授業が終わった後、学生が書いた感想を見せてもらった。

「書きながら思い出すことができ、また、自分の過去を皆に知ってもらうことができてよ

椙山女学園大学の「ライフヒストリー」の授業

かった」「振り返ることができたので、書いていて楽しかった」「この授業を取ってよかった」……。

感想を寄せた全員が好意的に受け止めていた。高校時代にいじめを受けた体験を公表した学生はこう書いた。「ふとした瞬間に思い出したり、いじめを扱ったテレビ番組を見た後に、親とその話をしたりする。それほど私に影響があった出来事だったので、書き出したら、当時のクラスの情景とクラスメートの視線や言葉、部活のメンバーや友人たちの励ましの声、母の涙、学校への失望などが鮮明に思い出されて、書くのが止まらなかった」

書き手を「匿名」にする場合も

このライフヒストリーの授業は二〇〇三年度

にスタートし、二〇一七年度で一五年目。塚田教授は、アメリカの生活史研究者ロバート・アトキンソン氏が「自分の人生のストーリーを書くことで、人生の意味を理解し、人生を変えていくことができる」と唱えて、メーン州の大学でライフストーリーの授業をしているのに共鳴。氏の著書『私たちの中にある物語――人生のストーリーを書く意義と方法』（ミネルヴァ書房、二〇〇六年）を翻訳し、自分の授業にも取り入れた。

授業では同書の内容を紹介し、関連のDVDを見せた後、以前の学生の文章を披露。学生に、過去の出来事の中で「こだわっていること」「モヤモヤしていること」「意味があったと思う体験」を書かせている。授業のシラバスに「自分のヒストリーを書くので、書きたいテーマを持って履修すること」と明記し、学生には「書かなきゃダメ」と励ます。いままでに学生が書いた自分史的エッセーは、親とのあつれきやいじめ・いじめられ体験、高校・大学の受験と入学・卒業、友達とのこと、非行体験など、まさに多種多様。他の学生の文章を読んで、同じような体験を持つ学生が泣きながら発言したこともあった。書き手を「匿名」にして、書いた学生本人も感想や意見を言う形をとる年が多いという。四年前には研究成果を論文にまとめたほか、インターネット上に「ライフストーリー文庫」というホームページを作り、学生の自分史的エッセーの一部をアーカイブ化して公開している。

就活での「自分探し」に生かす

塚田教授が論文で紹介した中の「女子校文化——キラキラした彼女たちの中で」を書いたのが、教授の元ゼミ生で現在は大手証券会社に勤める愛知県長久手市在住の二九歳女性。中学時代は偏差値にこだわる優等生だったが、高校受験で志望校の入試に失敗して、大学と同系列の私立女子高に嫌々入学。そこで、学友たちが「みんなとてもキラキラしていた。みんな、それぞれ違う『自分』を持っていた」ことに驚き、強い刺激を受ける。そして「自分と向き合うこともできるようになった」。大学進学後も「自分のまま勝負し、人と比べない」生き方を続け、留学し、就活にも「成功」した。彼女のエッセーを塚田教授は「『個を持つ自分』への自己変革の物語だといえる」と評価した。

彼女のことは、塚田教授がゼミ生の就活の経緯などをまとめて二〇一三年に出版した単行本『就活女子』（ナカニシヤ出版）の中でも取り上げられている。同書は、就活で内定を得た彼女たちが、「私たちの就活の体験談を書けば、絶対後輩たちに役立つ」と言いだしたことから出来上がった。学生二〇人が書いた大学生活と就活についての文章を基に、それぞれの「就活ストーリー」を紹介。自己アピールと志望動機などを書いて企業に提出する「エントリーシート」の書き方や、面接試験の対策などをアドバイスしている。

その中で彼女は、いろいろな企業の情報を得る中で、「私個人を一人の人間として扱ってもらえる」という理由から大手証券会社一社に志望先を絞り、内定を得る。「この会社に入りたいということを強い気持ちで伝えた」結果だった。「就職活動は自分を見つめ直すとてもいい機会」だったと述べている。

いま彼女は自分史的エッセーを書いたことを振り返って「就活のエントリーシートを書くために、自分のいままでを先生に聞いてもらおうというのがスタート。恥ずかしかったというより、楽しかった思いの方が強い。もしかしたら、誰かに聞いてもらいたかったのかもしれない。書き終わってスッキリしたというか、自分が整理されたような気持ちになった。『いまの私に必要だったんだ』と思った」と語る。就活への影響として「自分についてたくさん考え直す時間になり、とても有意義だった。面接でも、『私はこんな人間で、こんないいところがあり、こんな悪いところがある』と自信を持って答えることができた。自分をアピールして、人に知ってもらうためにとても役立った」と言う。

「大学生だからこそ、自分史を書く意味があると思う。いま思うのは、あの時に一度、時間をかけてそれまでの自分を振り返って考え、整理して見つめ直したことは、どんな大人になりたいかを考えることにもなって、新たな目標も出来るようになった。大学生で考えたことを自分史の形で残すことで、社会人のいまと比べることもできる。一歩立ち止まって、これからの人生を豊かにするために考えを深めることにもつながったのかな」『就活女子』の中で塚田教授は、「就職活動は単なる職探しではなく、これからのあなたの生き方を考える貴重なチャンス」とし、「自分はいままで何を楽しみ、何を喜んできたかなどを考えてみてはどうか」「今までの人生の中で苦しいと思ったり、つらいと思ったりしたことを思い出して、そのようなことを二度と経験しないために、自分がどう生きたいかを考えてみて」と書いている。さらに、一番大切なことは「自分自身について自分で考えること」であり「自己分析」だと述べている。それは若者にとっての自分史にほかならない。

女子大生が書く「遺言」

私自身、立教大学の講師をして、受講生や、知人らの紹介で会ったメディア志望の大学生から「エントリーシートを見てほしい」と頼まれたことが何回もある。いつも「文章におかしいところがないかとか、ここはこういうふうに書いたほうがいいといった文章上のチェックはできるが、『御社を志望する理由』などは、企業の採用方針が分からないからできない」と答え、実際にも文章チェック程度しかしたことがなかった。

しかし、エントリーシートで必須の項目になっている「自己アピール」ないし「自己P

R」について見れば、まだ二〇年前後しか人生を過ごしていない大学生にとって、自分がどんな人間で、どんな点が企業へのセールスポイントになるのか、自分ではつかみ切れないだろう。そこで必要になるのは、塚田教授が指摘したような、自分史的な手法による自己分析、言葉を換えれば「自分探し」ではないか。そう考えると、自分史は若い世代にとっても大きな利用価値があると考えついた。

そこで二〇一六年の最後の授業で、「今後に生かしてほしい」と要望して自分史年表を書いてもらった。よくある形式で、回収もしなかった。二〇一七年は、最後に近い一・五回分の授業で、自分史的な取り組みを導入した。〇・五回分とは、『遺言』を書く」というテーマで短い文章課題（見出しも含めて二二〇字以内）を出し、考える材料として、第二章で取り上げたライフヒストリーシートを、若者向けに五項目に絞った質問用紙に記入してもらった。

大学生に「遺言」は違和感があるかもしれないが、誰かに対して言い残すことを考えるのは、振り返って自分を見つめること。学生には「死を前にした形での遺言でなくてもいいが、家族、友人らとの別れのあいさつや、何かの節目での『贈る言葉』など、特別な設定にして」と注文をつけた。結果的には母、父、両親ら、家族に向けた遺言の形が大半で、内容はそれまでの文章課題より数段レベルが高く、いい意味で驚いた。

「今の私をつくった二年間と親友への遺言」として、北九州・小倉の子ども時代の友達に「はなちゃん」と呼び掛けた二年女子の文章、三年男子が中学時代、サッカー少年だった自分にダンスの魅力を教えてくれた「おまえ」に向けた「伝言」、毎晩家まで送ってくれた「いつも一緒に帰るあなたへの遺言」という二年女子の文章などが印象に残った。その中で私が最も高く評価したのは、「母への遺言――もし私がすごく重い病気で死ぬとしたら」という二年女子の文章。小学生のころ、うそをついて学習塾をサボったことを告白し、そうした〝逃げ癖〟がいまも続いていることを母にわびる「遺言」だった。

私は授業で「文章はうまい下手ではない。大事なのは思いの強さだ」「一番いい文章とは、自分にしか書けない文章だ」と言い続けた。こういうテーマだと、やはり強い思いがあるからだろう。短いが「自分にしか書けない」文章が多かった。学生から提出してもらったのは文章だけだったので、詳しくは分からないが、ライフヒストリーシートに書き込むことで何年も前の記憶を呼び起こし、それを基に思いをつづった学生が多かったように思えた。

いかに具体的かで優劣がつく

次の授業では、これも第二章に書いたライフクロニクル（手直しした自分史年表）に記入してもらい、書き出した記憶を基に考えた「自己アピール」を文章課題にした。三年生には、遠くない将来に待ち構える就活の対策につながるが、二年生にとっても、自分を見つめ直すいい機会と考えた。学生には「まだ若くて人生経験が少ないのだから、年表の項目をたくさん埋めることを考えなくていい。最終的に自己アピールを引き出すための手段だから」と説明。塚田守教授の『就活女子』から引用した「エントリーシートの書き方アドバイス」などをプリントアウトして参考に配布した。そのうえで「できるだけ、具体的なエピソードを入れて書いて」と要請した。

学生たちは相当悩んだようだった。後ろから見ても、年表にかなりの文字を書き込んだものの、そこから何を取り出して書けばいいか、考えあぐねている学生が多いと感じた。「途中でアドバイスを求めてもOK」とし、一人一人に「何をどう書くつもりか」と聞いたが、「高校の部活のこと」などと明確に答えた学生はわずか。結局、授業時間を過ぎてから提出した学生がほとんどだった。

読んでみると、自己アピールという性格上、当然といえば当然だが、「自慢話」が多かった。「時間に正確」「根性がある」「真面目」「粘り強く続ける」「臆さない」……。本人たちは気づかないだろうが、就活で企業側の採用担当者が読めば、少々鼻につくかもしれない。それでも「自慢臭」が控えめな文章もあり、その方が間違いなく説得力があった。私は次の週の授業のまとめで「その違いは取り上げたエピソードの〝強さ〟。いかに具体的かで優劣がついた」と説明した。

自己アピールの「基」となった具体的な体験を見ると、大半は「中学・高校時代の部活、趣味、友達関係」と「子ども時代の遊び、趣味、友達」だった。「子どものころの自転車乗りや縄跳びの二重跳び、鉄棒の逆上がりなどを通して粘り強さを身に付けた」「中学一年生の時にザ・ビートルズの音楽を聴いて、ファッションから友人選び、人間性まで影響を受けた」……。印象に残ったのは、二年女子の体験。「小学生の時、友達から『KY（空気が読めない）』と言われたことから読書好き、スポーツ好きになった。昔味わった苦い思いがいまの自分をつくった」。さらに別の二年女子は、演劇で端役をやらされた子どもの時のことを書いた。「自分より下手な主役の子に怒りを感じたが、その子からアドバイスを求められ、応じたことから、自分には誰かの魅力を引き出す力があると思うようになった」

全体的に文章に出来不出来はあったが、どれも自分の過去の出来事から、現在の自分の性格を見つめ直すことはある程度できていた。自分史的な取り組みから自己アピールを作り上げることは有効だと感じた。

若い世代にとっての効用

最終回の授業アンケートで学生に「自分史的な取り組みをどう思うか」を聞いた。「難しかった」という答えが複数。「二一年生きてきたが、大きなことを成し遂げたわけでも、今後に強い目標や希望を抱いているわけでもないので」（三年男子）、「人生経験が浅く、挫折や転機などもほとんどないので、年表を作っても、そこから自分を見つめ直すにはもっと時間が必要」（二年女子）などを理由に挙げた。「一番に思ったのは『なんてつまらない二〇年なんだろう』だった」（二年男子）と書いた学生もいた。

しかし、多くは前向きな評価だった。「年表にいろいろ書き出してみて、『自分』という人間が分かりました」（二年女子）、「記憶の底に沈んでいたことを思い出すことができて、その経験一つ一つがいまの自分に影響していることを再確認できた」（二年女子）……。

二年女子の一人は記した。「自分史の視点は私の見方を変えた。平凡な日常を送ってきて、特徴はないと思っていた。だが、いままでの生活を、具体的なエピソードと共に振り返ってみると、それまで気づかなかった自分の特色が見えてきた。『私、ちゃんといろいろなこと吸収して、大学生までできてるじゃん』と思えた」

いまの大学生が真面目かつ従順で、「人に嫌われたくない」という強い思いから、人の思考や行為を否定せず「お愛想がうまい」ことは私も分かっている。この反応も全面的に信用していいかどうか、少々考えてしまう。それでも、次の三年男子の感想が、若い世代にとっての自分史の効用を明確に示しているのではないだろうか。「これまで自分史的手法で自分の人生を振り返ったことがなかったから、新鮮だった。自分がたどってきた道を年度ごと、要素ごとに分けてみると、新たな発見があった。もっともっと自分を見つめ直す必要があると感じた。エントリーシートなどを書く際、いかに自分らしさや魅力を素直に伝えられるかを考えるうえで、とてもいい手法だと思う」。二年女子も「三年生になった時、年表に書き出してみて、就活に役立てたい」と書いた。

高校での取り組み

若い世代を対象にした自分史の取り組みはほかでも行われている。法政大学では、社会教育主事の資格取得を希望する学生に自分史を書かせる「社会教育演習」の授業が二〇〇〇年からあり、キャリアデザイン学部のカリキュラムにも組み込まれている。

「最近気になっていること」を軸にそれぞれの学生がメモを書き、合宿の際に一人一人が説明。他の学生が質問やコメントをする。それを基に学生が文章を書き、担当の笹川孝一教授が面談してアドバイス。学生は親族らにインタビューし、日記や地域史の資料を見るなどして調べ、年表を作る。その結果をまた学生の間で発表し、検討する。

そうしたことを繰り返し、最終的に翌年の一〜二月に、学生全員のリポートを自分たちで製本してまとめ「修了式」を行う。笹川教授は「終わると、学生はみんなさっぱりした笑顔になる」と言う。

過去に受講した学生からも「一番勉強になったのは、先生や他の受講生の話を聞きながら、『自分の人生を考えた』こと」「自分の過去を振り返るとともに、現在の自分を考え、さらに未来の自分を予想するという、三つの時代を考える機会になった」「就職活動前にやっておくことで自己PRなどの部分で活用できたと思う」など、前向きな感想が多い。

岡山県津山市にある美作《みまさか》大学では一九九〇年から、生活科学部児童学科の「社会科概論」の授業で、二年生に自分史に取り組ませている。前期の授業で自分史年表や家系図、周辺地図などを作り、夏休み期間中に執筆。九月末までに提出する。受講生は毎年二〇〜五〇人規模。多くの学生が将来、幼稚園や小学校の教師など、指導する立場の職業に就くうえ、受講生のほとんどはその年に二〇歳を迎える。「学生は、それを区切りに自分の成長の記録を、という気になるのでは？」と担当の宮地啓介教授。「書いている中で社会常識や地元の地理などをある程度身に付ける。後で聞いても『自分史をやってよかった』と言う学生が多い」と話す。

宮地教授が自分史を考えるきっかけになったのが、千葉県柏市の芝浦工大柏高校（現芝浦工大柏中学高校）の取り組みが掲載された新聞記事だった。同高は開校した一九八〇年から独自の「総合学習」として自分史を導入している。

「新しく高校を造るので、『創造性の開発と個性の発揮』という建学の精神を生かした授業をどうするか、考えた。知っているようで本当は知らなくて、最も関心があるのは自分。それを探る手掛かりに自分史の実習授業を、と決めた」と、開校から副校長で退職するまで三〇年余り、授業を担当した矢吹浩二氏。自分史の「元祖」色川大吉・東京経済大学名誉教授が書いた『ある昭和史——自分史の試み』も読んでいたが、具体的な授業の進め方は手探りで「走りながら考えた」。

同校では二年生になると、志望で文系と理系にコース分けされ、一年生の一二月には、どちらかに決めなければならない。「そのために自分はどんな人間かを見直す。進路指導というか、キャリア教育の一環の意味があった」

毎年、一学年三〇〇人弱の学生に授業で趣旨ややり方を説明し、年表などを書かせた後、夏休み期間に執筆。四〇〇字詰め原稿用紙三〇枚を九月までに提出させる形式だった。

「中身は自分しか見ないし、誰にも話さない約束。物心ついてからのことを時系列で書いたものが多かったが、中には親との関係や親の離婚のことを書いた生徒も。最高三〇〇枚書いた子もいた」と矢吹氏。

同校の松原誠司・高校教頭によれば、現在は総合学習の見直しなどで、二年生段階まで授業を延長。三段階に分けて二年生の七月までに提出するようになったが、「完成させて提出することを重要視しているのは昔から変わらない」という。最近は、親の職業について理解させるPTA主催の「仕事塾」や模擬エントリーシート執筆、模擬面接などを絡め、キャリアデザインの授業として充実を図っている。特徴的なのは、プリントアウトした原稿を、生徒自身がとじて「製本」まですること。「そうやって作った生徒はその後も大事にしていて『いまも持ってる』という子も多い」と松原教頭。

あらためて、高校生にとって自分史を書く意味を矢吹氏に聞いた。「もちろん、進路指導やキャリア教育に有効だと思うが、書いた文章を読むと、祖父母の死に立ち会った子は何かを学んでいると感じる。高校生の段階で『育ってきたのは自分だけの力じゃない。ものすごくたくさんの人の命を引き継いでいるんだ』と感じてもらうことが大事。高校生で書いた自分史を、後で折を見て書き足していけばいいんじゃないか」

おわりに

これまで書いてきたことを守るだけで、自分の思いが読み手に伝わる自分史が書けるようになるかと聞かれれば、それは難しい。自分で意識して訓練することが必要だ。まず文章を音読し、要約して見出しを付けることから始めてもらえればいい。題材は「天声人語」でも「編集手帳」でも新聞の社説でも、何でもいい。自分が気に入った文章を見つけ、それを題材にして実行することからスタートすれば、必ず成果は表れる。

私の考えでは、文章には「書きたい文章」と「書かされる文章」がある。「書かされる」のは、学校などでの課題の答案やリポート、就職活動でのエントリーシートや会社での報告書などだろう。それに対して「書きたい文章」は、日記や手紙などの個人的な文章とツイッターやフェイスブックなど、SNSでネットに上げる文章などになる。私は授業で学生に「書かされる文章を、できるだけ書きたい文章に近付けることを目標にして」と話している。自分史は基本的に「書きたい文章」だろう。「自分の書きたいことを書きたいように書く」のが基本だ。ただ、書きたいことばかり書いて、読み手が満足する自分史になるかという問題は残る。それをクリアするためにも、思いを伝えるための努力、配慮が必要になる。この本の前半で書いたのは主にそのことだ。

文章を書くことは楽しい。そして、文章を書くことで人間は自由になれる。それは文章の素晴らしいところだ。たとえ現実にどんな問題があっても、鳥が空を飛ぶように、誰にも妨げられない。実際には紙とペンやパソコン、スマートフォンなどの道具が必要になるが、たとえそれがなくても、頭の中で文章を「書く」ことは全く自由で、誰にも邪魔されない。文章はそういうもので、そのことがとても重要だ。

自分史は、戦争や病気、事故で肉親や配偶者ら親しい人を亡くし、自身も悲惨な体験をしたことなど、書くのがつらい、書きたくないと思うこともある。しかし、多くの人が証言しているように、最初は書きたくないと思っていた記憶を文章にすることで、それまでの自分の思いに区切りをつけ、新たな自分として歩みだすこともできる。それが自分史を書く最大のメリットだろう。抵抗する心情と折り合いをつけながら書き終えてみれば、書いたことが楽しかったと感じることもあり得る。そうしたことを体感するのも、自分史の醍醐味の一つといっていい。

第一章で「人間はなぜ文章を書くのか」という問いに、「人間は考えるから」「何かに触れて心を動かすから」だと書いた。さまざまなことに触れ、自分の頭で考え、心を動かす。その考えや思いが、「誰かに伝えたい」と自然にあふれ出す。文章もその一つであるべきだと思っている。担当した大学の授業も、形のうえでは文章実習だったが、本当は「さまざまなことについて考えてほしい」のが願いであり、そのためにゲストを呼んだり、大学の歴史の展示を見学したり、社会経験の少ない学生に刺激を与えて考えてもらうようにした。

自分史も同じかもしれない。極論すれば、（自分史の本としては全く自己矛盾だが）最終的に自分史がまとまった文章として書き上げられなくてもいいのかもしれない。現在の時点で自分史的な考え方で自分の足どりを振り返り、これからの人生に立ち向かう心構えができれば、それだけでも自分史の効用といえる。

【著者】
小池新（こいけ あたらし）
ジャーナリスト。元共同通信編集委員。1947年千葉市生まれ。東京外国語大学卒業。72年共同通信社入社。社会部、長崎支局、名古屋支社編集部次長、社会部次長を経て東京MXテレビ出向。1999年から2007年まで共同通信編集委員（論説委員兼務）、08年から18年まで立教大学兼任講師を務める。

平凡社新書879

自分史のすすめ
未来を生きるための文章術

発行日――2018年5月15日　初版第1刷

著者――小池新
発行者――下中美都
発行所――株式会社平凡社
東京都千代田区神田神保町3-29　〒101-0051
電話　東京（03）3230-6580［編集］
　　　東京（03）3230-6573［営業］
振替　00180-0-29639
印刷・製本―図書印刷株式会社
装幀――菊地信義

ISBN978-4-582-85879-2
NDC分類番号280.7　新書判（17.2cm）　総ページ208
平凡社ホームページ　http://www.heibonsha.co.jp/